Diario de sentimientos

La historia de mi primer amor verdadero con otro hombre.

R. M. Muñoz

Copyright © 2013 R. M. Muñoz

Todos los derechos reservados.

ISBN: 1489552421
ISBN-13: 978-1489552426

DEDICATORIA

Siempre nos costó hablar de sentimientos. Pero tiene gracia, solo contigo conseguí desahogarme. Muchas gracias por ser como eres y por seguir siempre a mi lado pase lo que pase. Sin ti no hubiera acabado todo como acabó.

Dedicado a mi hermana y a mi mejor amiga.

PARAÍSO E INFIERNO

Entre mis arrebatos de dolor y mis recaídas nocturnas te odié con todas mis fuerzas por lo que me habías hecho. Tú fuiste el único que me hizo pasar varias noches seguidas sin poder dormir ni un segundo tapándome con la almohada para que mi madre no oyera los llantos. Mi cuerpo tuvo que aprender a deshacerse en días, radicalmente, de todo el amor y las esperanzas con las que me habías estado infectado durante meses. Deseé no haberte conocido jamás, no haber cogido nunca ese tren a Viena para encontrarme contigo por primera vez. Deseé que ese estúpido osito de peluche que había encima de mi cama estallara en llamas por combustión espontánea y que, con sus cenizas, se evaporaran todos los recuerdos que tenía de ti.

Ahora sé que todo tenía una razón de ser. Haberte conocido y perdido me hizo fuerte, y me convirtió en lo que soy. Si no me hubiera encontrado contigo, jamás habría llegado a donde estoy.

A veces para encontrar el paraíso primero tenemos que atravesar todo el infierno. Pero, ¿acaso habría paraíso si no existiera un infierno que atravesar primero?

PRÓLOGO

Tras varios años de autoobservación, creo que he llegado a la conclusión de que mi cabeza funciona de un modo bastante diferente al del resto del mundo. Ya comencé a darme cuenta cuando era muy pequeño, en el hecho de que valoraba y ansiaba más el sentimiento o la emoción que provocaba alguna situación concreta que el hecho o el objeto en sí. Por ejemplo, a veces salía a pasear con mi abuelo y llegábamos hasta el escaparate de una pastelería. Los otros niños hubieran suplicado inmediatamente a su abuelo que les comprara uno de los deliciosos pasteles que se exponían tras el cristal. Si el abuelo no hacía realidad su deseo, podrían patalear y chillar hasta que su abuelo no tuviera más remedio que sacar el monedero. Yo no era así, yo siempre fui diferente y un niño muy inteligente. A pesar de mi edad, yo era consciente de que mi familia no atravesaba por una situación económica muy buena. Mi forma de actuar era muy sutil. Yo siempre comenzaba a describir los pasteles que veía, describía con mi lenguaje de niño los tipos de chocolate, las formas, la decoración, intentaba suponer el sabor que podían tener esos pasteles. Le hablaba a mi abuelo de cosas sobre pasteles que había escuchado de los otros niños en la guardería. En el fondo lógicamente lo que yo esperaba es que mi abuelo me comprara un pastel, y no tenía por qué ser uno caro o grande, con cualquiera me hubiera conformado, puesto que lo que yo quería en el fondo no era el pastel, sino experimentar esa sensación de que me quieren, de que, aunque no tuviéramos dinero, mi felicidad era lo más importante para mi abuelo. Esa sensación me habría llenado tanto... Sin embargo al final siempre acababa convirtiéndose en una decepción, que pasaba a engrosar el cubo de las decepciones internas, porque al no pedir el pastel directamente, casi nunca lo conseguía. Mi abuelo no era una persona muy predispuesta a entender indirectas, aunque viniesen de un niño pequeño.

He tenido muchas decepciones como estas a lo largo de mi vida y sé que no dejaré de tenerlas. Es algo con lo que tenemos que lidiar día tras día los pocos afortunados o desgraciados que tenemos una mente tan cansina como la mía. Una mente cuya base está formada por una malla enrevesada de sentimientos, que no se conforma fácilmente, una mente que se alimenta de emociones, de sentimientos, y, una vez los consigue, intenta estrujarlos y disfrutarlos al máximo. A veces puede resultar bastante deprimente, ya que siempre necesitamos una esperanza, un nuevo objetivo, un sentimiento mayor que el anterior que conseguir y devorar. Esto, para las personas de nuestro alrededor, puede ser bastante frustrante, ya que no nos comprenden y piensan que no somos felices, que siempre estamos agobiados, que en realidad nunca disfrutamos de las cosas, que siempre estamos preocupados por analizar cada situación buscando puntos negativos o positivos. Pero la realidad es totalmente distinta, pues no nos gusta buscar la felicidad imposible en el mañana, y una vez que nuestro cerebro captura un sentimiento, comienza a devorarlo lentamente en ese preciso momento, provocando una sensación de felicidad total. La cosa más sencilla, pero con mayor sentimiento, es la que nos llena más por dentro: una sonrisa que alguien nos lanza, una mirada de complicidad en un momento determinado, una lágrima de felicidad, una simple caricia, un abrazo fuerte de esa persona especial en mitad de la noche, tras haber tenido una pesadilla. Estas situaciones quedan congeladas en nuestra mente por días, a veces incluso durante años, y las revivimos interiormente miles de veces, lo cual nos provoca una felicidad que solo nosotros mismos somos capaces de comprender, una sensación prácticamente imposible de describir. Sin embargo, tener una mente tan exagerada en el procesamiento de emociones tiene también un gran lado negativo. Cuando las situaciones no terminan bien, cuando nos sentimos decaídos o cuando alguien nos hiere, podemos llegar a padecer una sensación de angustia interior, de miedo, de inestabilidad, que no nos gusta revivir en absoluto. Sufrimos tanto que hasta nos llega a doler interiormente. A veces estas situaciones vienen simplemente derivadas de la decepción comentada. Sentimos tan intensamente que si nuestras expectativas no se ven cumplidas por un hecho determinado en una forma similar a la esperada, en nuestra cabeza comienza una batalla brutal entre supuestos, miedos y sentimientos, que incluso puede mantenernos despiertos varias noches con una angustia horriblemente exagerada. Lo bueno, o no tan bueno, es que nuestra mente también posee mecanismos para protegerse o escapar de estas situaciones. Uno de ellos lo constituye la prevención y, en mi caso, me gusta intentar escribir cómo me siento en estos momentos complicados. Nadie suele saber que por dentro pensamos así, ya que solemos desconfiar mucho de la gente y no nos abrimos con facilidad, puesto que no estamos dispuestos a correr el riesgo de que nos hieran, ya que el riesgo que corremos si algo sale mal sería demasiado elevado: nos dolería demasiado. Si aun así llegamos a una situación de caos mental crítico en un caso determinado, tras varias horas nuestra mente comenzará un proceso de autoordenamiento del caos. Es lo que yo llamo «necesidad de unas cuantas horas de desconexión total del mundo para mí mismo», unas horas en las que tengo que ordenar mis ideas y tomar una decisión para afrontar esa situación de forma más o menos lógica y soportable. Unas horas en las que estamos solos: un papel, un bolígrafo, la naturaleza y mi cabeza.

Esta es una historia basada en una relación real por la que pasé hace tiempo. Fue una de las relaciones que más noches me mantuvo en vela. Por aquel entonces mi única salida para no volverme loco y combatir el insomnio era escribir pequeñas historias sobre mis sentimientos y todo lo que pasaba por mi cabeza. Este libro es el resultado de la compilación de esos pequeños relatos improvisados. Por cierto, mi nombre es Alfonso.

CAPÍTULO UNO
El comienzo de todo

POR AQUEL ENTONCES

Ahí estaba yo, Alfonso, una noche de viernes más, sentado delante de mi ordenador sin ningún plan, cuando era ya cerca de la una de la madrugada. Algunos compañeros de trabajo me habían invitado a salir ese día después de la oficina. Su plan era ir a tomar un par de cervezas y ver si conseguíamos ligar con alguna chica, sin embargo yo no tenía ganas de salir y les había puesto una excusa tonta. Fuera hacía bastante frío y la calle estaba congelada por la nieve que había caído en los últimos días. Sin embargo, mis ganas poco tenían que ver con el típico clima de finales de enero en Múnich, la ciudad donde vivía por aquel entonces. Era simple: no me apetecía lo más mínimo salir a emborracharme con el Hindú y el Checo mientras tenía que actuar durante toda la noche, pues no me hacían la menor gracia sus chistes y comentarios sobre las mujeres en general. A mí solo me interesaban los chicos, eso lo tenía muy claro desde hacía varios años. Por desgracia, aún no había reunido el valor suficiente para decírselo a los compañeros de la oficina y eso que en una semana cumpliría mi primer año trabajando para Mobitech, una pequeña empresa del centro de Múnich que se dedicaba al desarrollo de aplicaciones para terminales móviles.

Por aquel entonces estaba muy satisfecho con mi trabajo. Los compañeros eran todos muy jóvenes y dinámicos y me ayudaban en todo lo que podían, no solo a resolver cuestiones técnicas de programación, sino también a manejarme cada día mejor con el complicado idioma alemán. Estaba aprendiendo todo lo que en varios años de universidad no había conseguido aprender y en ningún momento me había arrepentido lo más mínimo de tomar la decisión de emigrar al país germano tras terminar mis estudios en Málaga. Con mi sueldo podía permitirme un pequeño apartamento en el centro de la ciudad, los muebles de **IKEA** para abastecer mis necesidades básicas de asiento y comodidad, así como multitud de aparatos electrónicos que me encantaba coleccionar, aunque raramente los usaba. No vivía al día, y siempre tenía algo de dinero extra para salir y descubrir la inmensa oferta de ocio de la ciudad. Pese a la distancia, con mi familia también seguía manteniendo mucho contacto. Tenía casi todo lo que un chaval de veintiséis años podría desear. Sin embargo, para que mi vida fuera perfecta faltaba algo. Me faltaba el amor. En la ciudad, casi todas mis amistades se centraban en los compañeros de trabajo, concretamente en el Hindú y el Checo, que eran los únicos sin mujer y niños. Salir un par de veces al mes con ellos tenía su gracia, pero a la larga su compañía no me llenaba. Yo siempre estaba intentando encontrar a ese príncipe azul. Sí, también hay hombres que, al igual que ciertas mujeres, tienen un concepto muy divinizado del amor y siempre están ocupados en la búsqueda de ese tipo azul a quien no se le ve el pelo casi nunca. Yo me estaba empleando a fondo para dar con él y terminar así de complementar mi vida perfecta, una persona que le aportase a mi rutinario día ese componente de energía y ganas de vivir que comenzaba a faltarle últimamente. Un chico vivaz con ganas de salir, de hablar, de ir al cine, de cocinar (una de mis aficiones) y de reír. Una persona con la que compartir el abundante tiempo que no invertía en mi trabajo de lunes a viernes. Por supuesto, debía ser guapo, masculino y, puestos a pedir, musculoso y deportista. Justamente estos eran los criterios que, desde mi llegada a Múnich las navidades anteriores, había rellenado en mi perfil en línea para la página de contactos PlanetRomeo.com, un portal para chicos que buscan pareja de su mismo sexo. Esa página constituía mi principal estrategia para encontrar a ese esquivo príncipe azul. Antiguamente las princesas tenían castillos y dragones que las atosigaban y solo tenían que esperar al adecuado, a aquel que consiguiera acabar con ese dragón maligno y las rescatara. Hoy en día las princesas son mucho más activas y no tienen tiempo para esperar en el castillo, por lo que ellas mismas persiguen a su príncipe a través de plataformas de búsqueda en internet. De esta forma pueden filtrar y elegir las características exactas que más les interesen. Antiguamente no tenías más remedio que conformarte con el príncipe que consiguiese vencer al dragón y entrar al castillo. No te ibas a plantar ahí a decirle al príncipe, después de todas las molestias: «Oye, lo siento, no eres el príncipe que estaba buscando». Al fin y al cabo, aunque fuera feo había terminado matando al dragón y ya ningún otro príncipe se molestaría en intentar ganar tus favores por amor al arte.

Buscando páginas pornográficas por internet, como hacen casi todos los hombres solteros que no tienen otra manera de desahogarse, había visto un artículo en un blog unas semanas atrás sobre el portal de contactos y, por lo que parece, los autores de éste tenían razón, el portal estaba plagado de chicos que vivían en Múnich y de verdad era gratuito. Sin embargo, al parecer, ninguno estaba interesado lo más mínimo en conocerme. Yo siempre escribía mensajes a los chicos que parecían interesantes, pero casi ninguno respondía tras ver mi perfil. Algunos sí lo hacían inmediatamente, pero para escribirme mensajes como: «No estoy interesado, sorry» o «no eres mi tipo, suerte con tu búsqueda». Yo siempre les respondía con un «gracias». Sin embargo, en el fondo pensaba que eran todos idiotas. Antiguamente las princesas nunca habían rechazado al príncipe, pero hoy en día era justo al contrario, era muy fácil encontrar un príncipe cuando uno era una princesa muy guapa, pero si pertenecías al grupo de las princesas normales, todos los príncipes terminaban rechazándote, esperando la llegada de una princesa mejor. Al fin y al cabo había otras cien más esperando online para ser descubiertas. Yo no era un chico feo, mi aspecto era el de un típico españolito del sur, bajito, con ojos azules y pelo oscuro. De acuerdo que en mi cabeza estaba empezando a aparecer una pequeña calva y que en mi juventud había tenido bastantes granos que habían desfigurado un poco mi cara, pero tampoco era un monstruo, e incluso yo mismo me encontraba bastante sexy cuando a veces me miraba en el espejo del cuarto de baño para desahogarme. Los chicos homosexuales nos ponemos en seguida a tono con solo mirarnos en el espejo. Puede sonar como una ventaja, pero a veces es bastante frustrante, ya que se pierde mucho tiempo delante del espejo. Desde hacía dos semanas también me había apuntado con el Checo a un gimnasio para ir dos veces por semana a entrenar. De esta forma intentaba perder un poco de barriga para ver si así aumentaba la calidad de mis fotos en el perfil del portal y con ello mis probabilidades de éxito.

Ese viernes por la noche, como casi siempre después de cenar, ya había visitado en mis búsquedas a casi doscientos chicos, a los que había filtrado empleando todos los posibles criterios: musculosos, latinos, bajitos y deportistas. Al menos a quince de ellos les había enviado un mensaje, pero ni uno me había respondido. Al final terminaría como muchas de esas noches, sin planes. Me cansaría de buscar, me acostaría tarde y, por la mañana, el reloj mostraría las doce del mediodía, mientras yo aún permanecería en la cama muerto de cansancio. El fin de semana transcurriría entre mis tareas de la casa, que nunca tenía tiempo de realizar durante la semana y que siempre dejaba acumuladas para esos días. Al final, cuando me diera cuenta, habría pasado el domingo y otra semana volvería a empezar.

Estaba cansado, me levanté de la silla de mi escritorio donde tenía el ordenador portátil y me dirigí a mi pequeña cocina del apartamento, puse a calentar un vaso de agua para hacerme un poleo menta y, mientras se calentaba, me puse a ojear un folleto de ofertas del supermercado que había recogido del buzón esa tarde al llegar del trabajo y que había dejado apartado junto al fregadero. Al poco tiempo un sonido agudo procedente del comedor distrajo mi atención del folleto. Me acerqué al microondas, pero este no había terminado aún, le faltaba casi un minuto. Fue en ese momento cuando una pequeña chispa se encendió en mi mente. No era el microondas, alguien acababa de enviarme algo al portal de contactos. Lo que acababa de sonar era el típico tono de mensaje entrante. No me llegaban muy a menudo, pero era fácil reconocerlos. Un poco nervioso salí de la cocina y me acerqué al ordenador. Enseguida vinieron a mi mente mensajes de personas de más de cincuenta años o de salidos (casados y con niños), que buscaban introducir su instrumento esa noche en un agujero diferente al de su querida mujer. Por supuesto yo no respondía nunca ni a unos ni a otros. Esta vez, sin embargo, me había equivocado.

Al abrir el mensaje vi que era de un usuario llamado «UnicoJ». Un nombre bastante extraño, la verdad, ya que todos solían ponerse nombres de famosos o de alguna serie de moda. Pinché sobre el nuevo mensaje y una ventana con el texto «Hola» se abrió. El chico no había empezado de forma muy original, pero al menos me había escrito, y eso ya era algo. Antes de responder visité su perfil para estudiarlo con detenimiento. Primero me centré en las fotografías. La primera fotografía de las tres disponibles era bastante normal y en ella estaba el chico con una gorra, aunque su cara no podía apreciarse bien porque estaba medio borrosa. En la segunda fotografía estaba él en algún parque que yo no conocía y ahí sí que pude apreciar una hermosa sonrisa y unos ojos sinceros. Cuando conseguí abrir la tercera fotografía, permanecí en trance durante varios minutos. Pareció que incluso mi conexión a internet quisiese hacer algo de tiempo en la descarga de esa fotografía para mantener la tensión. Alguien lo había fotografiado en el momento en que intentaba salir de una piscina, apoyado en el borde. Dos brazos con músculos marcados y húmedos daban paso a la parte superior de un pecho bien formado y opulento. No estaba nada gordo. Tenía un cuerpo perfecto y nuevamente una tremenda sonrisa en su cara. Se encendió una chispa entre mis piernas y mi nervosidad aumentó nuevamente hasta puntos insospechados. El usuario «UnicoJ» parecía sacado de un anuncio de perfumes, así que debía responderle cuanto antes por si acaso se lo pensaba mejor y terminaba concentrándose en otro perfil que hubiera encontrado.

—Hola. Eres muy guapo. ¿Cómo te llamas? —le escribí, y me puse a esperar muy nervioso a que respondiera. Entre tanto el microondas ya había terminado hacía rato de calentar el agua y de vez en cuando lanzaba sus típicos sonidos, que no cesaban mientras no lo abrieras. Pero yo no me moví del sitio, por si «UnicoJ» respondía.

—Encantado. Yo soy Jorge. Soy brasileño y no vivo en Múnich, aunque vuelo al menos una vez al mes ahí por trabajo. Soy asistente de vuelo. ¿Tú eres español o italiano? Tu perfil me ha gustado mucho.

En ese momento si hubiera tenido un espejo frente a mí habría podido observar cómo mi cara tendía por momentos al color rojo tras leer la última frase, pese a que estaba completamente solo en mi apartamento y nadie me estaba mirando. Es extraño cómo puede uno involucrarse en una conversación a través de internet hasta llegar a sentir similares emociones a las que se sienten en el mundo real, cuando se habla con otras personas cara a cara.

Así fue como comenzó mi primera conversación con el brasileño Jorge. Nos pasamos horas chateando, y cuando quise darme cuenta eran ya casi las cuatro de la madrugada. En ningún momento hablamos de sexo o de temas morbosos en general, sino de sentimientos. De alguna forma terminé desahogándome con ese desconocido. Le conté lo solo que me sentía, cómo había decidido dejar Málaga un año atrás, para emprender una aventura en un país nuevo. Dejar a la familia y los amigos por una temporada lo más lejos posible y poder centrarme en una vida nueva, en la que por fin pudiera ser yo mismo y no la persona que todos esperaban de mí. Le hablé tendidamente de mis miedos y de mis planes de futuro. Creo que le conté cosas que no me había atrevido a contar a nadie antes. Él, por su parte, me comentó que trabajaba para la compañía aérea Emirates y que de momento vivía en Qatar, pero que solía realizar todos los vuelos que podía a Europa porque le encantaba. Aparte, se le daban muy bien el idioma español y el alemán.

Esa noche, tras nuestra conversación, prácticamente no pude dormir y solo podía pensar en él. Incluso me levanté varias veces a encender el ordenador y observar de nuevo sus fotografías del perfil detenidamente. Si un psicólogo hubiera podido observarme, hubiera dicho que estaba para que me encerraran en un psiquiátrico, pero, de alguna forma, ese chico me había proporcionado una energía increíble y me había convertido en una especie de adicto a sus conversaciones, sediento por extraer toda la información sobre él que pudiera existir. En el fondo, necesitaba conocer cada aspecto, por insignificante que fuera, de ese chico brasileño.

El día siguiente me desperté bastante tarde y lo primero que hice antes de desayunar fue conectarme, para ver si Jorge también estaba conectado, una tarea que repetiría asiduamente en las semanas posteriores. Esa mañana no se encontraba conectado, pero, por si acaso, yo le envié otro mensaje en el que le comenté lo que había disfrutado con su conversación la otra noche y lo bien que me había caído. Después desayuné y más tarde me puse a realizar las tareas de la casa, como solía hacer de forma cotidiana todos los sábados. El día fue transcurriendo, pero la imagen de Jorge volvía a mi mente cada varios minutos y siempre conseguía que soltara una sonrisa para mí mismo. Parecía una tontería, pero ese sábado estaba más contento de lo habitual. Algo había cambiado en mí y para ello solo habían hecho falta un par de horas de mal sueño hablando con un brasileño maravilloso que vivía en la otra parte del mundo junto a un caluroso desierto. Ese brasileño había conseguido conectar conmigo de una forma increíble, como nunca me había ocurrido con ningún otro chico.

Lo que siguió en los días posteriores fue aún más exagerado. Nos intercambiamos las direcciones de email, de Messenger, de Skype y de cualquier programa de ordenador que uno de nosotros empleara para hablar o enviar cosas. Nos intercambiamos muchas fotografías y comenzamos a hablar prácticamente a diario, como si nos conociéramos de toda la vida. Yo le comentaba siempre cómo me había ido en el trabajo y él me contaba sus maravillosos viajes por medio mundo. Un día estaba en Hong Kong, el otro en la India y al siguiente en las islas Seychelles. Cuando no tenía conexión a internet, me enviaba el número de teléfono de su habitación del hotel donde se hospedaba y yo llamaba por teléfono al otro lado del mundo para hablar con él mientras descansaba de su trabajo. No pasaba una semana en la que no me enviase varias fotos suyas que se había hecho en esos viajes, como siempre me decía, exclusivamente para mí. Una semana eran fotografías en una playa desierta con agua cristalina y peces por todos lados, a la siguiente en un mercado ruidoso o en una ciudad exótica africana. En mi mente todo transcurría como en una película a cámara lenta. Era un sueño y yo estaba siendo el protagonista, aunque aún no lo pudiera creer del todo. Muchos días tenía la impresión de que en cualquier momento podría despertarme y ver que en realidad todo había sido un buen sueño, que simplemente mi cabeza jugaba con los elementos que elegía al azar y me hacía ver algo que yo ansiaba pero no era real. Pero no era un sueño, era mi vida. Físicamente no había cambiado nada, pero a la vez todo era diferente. Todas las mañanas me despertaba con mucha más energía. A lo largo del día trabajaba con mayor ímpetu y al llegar a casa siempre estaba deseando encender mi ordenador, para leer los emails de Jorge o charlar con él por teléfono mientras cenaba. Así, fue transcurriendo el tiempo.

Fue justo unos días antes de Pascua, cuando Jorge me informó, para mi sorpresa, que había conseguido intercambiar un vuelo con uno de sus compañeros para ir a Viena. Se le había ocurrido la idea de que nos pudiéramos conocer por fin en persona en esa bonita ciudad europea, puesto que yo disponía también de varios días libres en el trabajo y Viena solo estaba a varias horas de Múnich en tren. Así fue como nuestra extraña relación virtual de las últimas semanas se acercó a su siguiente nivel. Al principio me alegré mucho por la noticia. Jorge parecía necesitar conocerme y en el fondo lo que yo más deseaba en el mundo era poder verlo en persona. Sin embargo, eso también desató una especie de miedo en mí a que al final no resultara todo como en mi cabeza.

Fuera como fuese, un par de días después todas las dudas tendrían una respuesta y esta vez sería una respuesta real, nada de relaciones virtuales en internet.

TREN DE RECUERDOS

Un tren de alta velocidad salía de la estación central de Múnich con dirección a Viena. Dentro, yo, un café con leche y un panecillo con mantequilla que me había comprado en uno de los innumerables quioscos de la estación. Atrás quedaban unos nubarrones negros y las famosas torres de Múnich con sus ladrillos marrones y sus hermosas cúpulas verdes. Un par de gotas de lluvia corrieron por el cristal de mi ventanilla, donde varios colegiales revoltosos habían pegado varios cromos de jugadores del Bayern FC.

Es increíble ver qué locuras puede emprender una persona en su vida. Yo siempre había pensado que otros estaban locos. Que la gente nunca reflexionaba antes de emprender una acción. Yo, como ingeniero que soy, siempre me había considerado muy objetivo, sin embargo, ahora yo era el centro de la locura y pese a que era consciente en todo momento de que aquel viaje era una locura, nada en el mundo podría obligarme a bajar de ese tren. Un par de días atrás me había gastado sin pensármelo ciento cincuenta euros en dos billetes de tren. Mi plan era pasar todo el largo puente de Pascua en la capital de Austria. No es que fuera demasiado dinero para mí, me lo podía permitir, pero aun así era una locura. No conocía a Jorge el brasileño de nada. Siendo realista, solo habíamos hablado varias veces por teléfono, chateado otro par de decenas de veces e intercambiado por email todo lo que se nos había ocurrido, incluidas todas las fotografías que cada uno de nosotros mantenía en su disco duro y acumulaba desde hacía años. En el fondo algo me incitaba a probar suerte, a dejarme llevar. Desde el momento en que había decidido marcharme a Alemania, no había realizado más locuras en mi vida. En los últimos meses todo había sido solo trabajo. Tampoco había estado nunca en Viena, sin embargo no me asustaba lo más mínimo emprender solo ese viaje al país vecino. Austria, al fin y al cabo, debía de ser muy similar a la Alemania del sur, a la que ya, desde hacía tiempo, me había acostumbrado. Mi alemán tras un año en Múnich me valía ya para defenderme en la mayoría de situaciones habituales.

Miré a los árboles a lo lejos a través de la ventanilla y las últimas imágenes de mis conversaciones con Jorge volvieron a mi mente. Mi cabeza estaba plagada de preguntas a las que hasta ese momento de tranquilidad en el tren no me había atrevido a prestar la más mínima atención: «¿Qué era lo que estaba sintiendo desde que había conocido de forma virtual a Jorge?, ¿me estaba enamorando de él o ya lo estaba?, ¿me volvería a llevar una desilusión o sería realmente el principio de una hermosa historia que podría contar a mis nietos, si es que alguna vez los tenía?, ¿desde cuándo estaba pensando en tener nietos?»

En el fondo, atreverme a responder a estas preguntas interiores me provocaba una cierta intranquilidad. Solo se me ocurrían más y más preguntas cada vez que me planteaba una nueva, pero no quería o, más bien, no era capaz de responder ninguna de ellas.

Ya había tenido varias experiencias anteriores con otros chicos en Múnich y al final siempre habían sido todas un desastre: las fotografías que me habían enviado por email no correspondían en absoluto a esa persona, su forma de ser era demasiado gay para mi gusto o, tras tres minutos de conversación, llegaba a la conclusión de que en el fondo esa persona no era muy estable psicológicamente hablando.

Ahora bien, ¿era yo una persona estable? Esa pregunta no era nada fácil de responder. Quizás una persona estable no cogería un tren para recorrer más de trescientos cincuenta kilómetros para pasar un largo fin de semana de cuatro días en una cita a ciegas con un chico brasileño con el que había hablado varias veces por teléfono y Messenger.

«¿Qué pensarían mis padres y mi hermana si me vieran en ese tren y supieran lo que estoy haciendo?», pesaba. Otra pregunta difícil de responder. En realidad casi nadie de mi familia sabía por aquel entonces nada de mis inclinaciones sexuales y me aterraba que algún día pudieran enterarse. Solo mi hermana Macarena estaba más o menos al tanto de todo, aunque lógicamente no le había comentado nada de Jorge ni de mi viaje. Mi hermana aún me consideraba una persona estable y centrada, cosa que ni yo creía ya de mí mismo. Hacía ya algo más de dos años desde que le había contado que me gustaban los chicos. Por aquel entonces estaba a punto de marcharme durante varios meses a probar suerte en ese país germano. Tomé la tremenda decisión de contárselo una noche en la que salimos con otros amigos de fiesta, y al final casi todo el grupo se dispersó, menos ella y yo. Terminamos bailando en un pub de un pueblo cercano a Málaga. Nunca se me olvidará ese momento. Durante media noche tuve un gran nudo en la garganta, pues ya me había planteado contárselo antes de mi gran aventura en el extranjero. No quería marcharme seis meses a hacer mi vida a otro país sin que al menos ella lo supiera. Al final conseguí soltarlo todo. También tengo que decir que la situación y su conversación me ayudaron bastante. En un momento de la noche, con un ron con Coca-Cola entre las manos, ella me relató las vivencias de un amigo de la universidad que era, como ella decía por aquel entonces, «de la acera de enfrente». Macarena me contó que ella siempre se enteraba de todos los líos de su amigo con otros chicos de la universidad. Se me quitó un gran peso de encima cuando conseguí decírselo, y a partir de entonces una serie de lazos sentimentales se formaron entre nosotros, aún más fuertes que los que nos unían desde hacía años.

¿Qué hubiera pensado mi hermana de haber sabido que yo estaba intentando buscar pareja por internet desde hacía meses y que la búsqueda ya me estaba empezando a atormentar? Mi principal problema, como siempre, era en aquel momento, y sigue siéndolo hoy día, que pienso demasiado.

Mientras el tren seguía su recorrido hacia Viena, mi mente volvió a los primeros meses tras mi llegada a Múnich.

Mi primer contacto con otro hombre que pudiera considerarse oficialmente una cita fue con Markus. Todo ocurrió un sábado en el que, para variar, me encontraba solo en casa tras un día agotador de tareas en mi casa: hice la compra, limpié el cuarto de baño, limpié el salón, puse varias lavadoras, aspiré la alfombra, lavé los cacharros que había acumulado en el fregadero y, cuando terminé con todo, eran ya cerca de las ocho de la tarde. Lógicamente no tenía plan o no había querido buscar ningún plan, porque no me interesaba ninguna de las posibilidades que se me habían presentado durante la semana. Total, que esa noche, como muchos otros sábados, me dediqué a observar el innumerable catálogo de chicos en mi portal de contactos favoritos,

PlanetRomeo.com. Siempre mantenía la esperanza de conocer a alguien interesante. Tras mucho buscar en la red, escribir a un par de chicos y que me rechazaran otros pocos, un chico con unas fotografías un tanto borrosas me escribió y me invitó sin compromiso a tomar una copa de vino en su casa. Normalmente en estos portales, aunque se diga que no se busca nada en especial o que se quiere quedar sin compromiso, la mayoría de los que buscan están pensando en sexo puro y duro. Es la cruda realidad. Los hombres siempre piensan en sexo aunque no lo digan y en el caso de los chicos heterosexuales es similar, pese a lo que, por desgracia, muchos cuentan a sus parejas. Es un poco deprimente, pero así es nuestra naturaleza de hombre cazador y expectante de aventuras.

El perfil de la cara borrosa y yo intercambiamos un par de mensajes y, al final, cerca ya de las diez de la noche, me dije: «Podías lanzarte un poco a la aventura, lo mismo el chico no es mala gente y, bueno, si al final no te interesa lo más mínimo pues te tomas el vino con él y te vuelves a casa». Al final fue exactamente lo que ocurrió. Me di cuenta, nada más presentarme en su casa que Markus, que así se llamaba, no me atraía lo más mínimo. Las fotografías que había enviado no eran de él o, si lo eran, habían sido tan modificadas que no había quien lo reconociera en persona. Tenía bastante sobrepeso. No es que yo tenga nada en contra de la gente un poco rellena, pero lo suyo ya había superado cualquier frontera que fuera aceptable y saludable. Lo que menos gracia me hizo de mi visita a su casa era que estaba repleta de gatos que no paraban de saltar y maullar por todos lados. No estoy seguro de cuántos mininos había en esa casa, pero yo diría que al menos unos diez. Tras presentarnos, Markus me sirvió un vino y nos sentarnos en el sofá, cuya tapicería original ya no era visible desde hacía años, debido a la acumulación tan exagerada de pelo de gato que había por todos lados. La conversación comenzó desastrosamente, ya que yo no sabía qué decir y cuando le hacía alguna pregunta para romper el hielo no es que él fuera muy hablador. Cuando empezó a hacerse el interesante, pese a que en el fondo era el chico menos interesante que hacía años había visto, y siguió con un juego propio de manos sobre los pantalones en la zona de la entrepierna, me tragué el vino de un sorbo y me marché lo más rápido que pude de su casa poniendo una excusa tonta que ya hace tiempo que olvidé. Nunca más volví a saber de él y la verdad es que debió de notar que no me sentí nada a gusto, porque me borró de sus contactos y no volvió siquiera a mandarme un solo mensaje, aunque fuese por compromiso, en la plataforma de contactos.

Tras la aventura de Markus, aparté mis manos una temporada de la plataforma de contactos en línea, como me ocurría cada vez que tenía un encuentro desagradable con otro hombre. No fue hasta después de varias semanas cuando puedo decir que comenzó lo que yo podría llamar mi primera relación medio seria con otro hombre. Su nombre era Robert y era polaco. Quedamos una noche para tomar unas cervezas en un pub de la zona de ambiente de Múnich. Era un chico agradable y sus enormes brazos musculosos bajo la luz medio oscura del pub me atrajeron bastante. Un par de cervezas y risas más tarde, mientras bailábamos con música muy fuerte en un lugar medio oscuro cercano a la barra del bar, introdujo su mano fuertemente en un bolsillo trasero de mis pantalones vaqueros, me acercó hacia él con un gesto rudo, e intentó besarme con fuerza y con lengua. Mi primera reacción fue apartarme de él. No es que no me atrajera. Tenía un cuerpo muy fibroso o eso al menos es lo que dejaban entrever su camiseta y sus pantalones ajustados. Sin embargo, yo no estaba preparado para algo así. Me preguntó si no me gustaba y yo dije algo tonto como que no estaba preparado para algo así. Sin embargo, cuando más tarde, y con más cervezas de por medio, se acercó de nuevo a mí, me dejé llevar y terminamos besándonos con fuerza en la oscuridad del pub.

Lo que no empezó muy mal, acabo fatal unos cinco meses más tarde. Robert trabajaba de enfermero en un hospital de Múnich y, no sé si será igual para todos los pobres enfermeros, pero el caso es que él trabajaba día y noche como un esclavo, o al menos eso me contaba a mí. Yo trabajaba de lunes a viernes y luego tenía todo el fin de semana libre; a veces tenía puentes, vacaciones, pero daba la casualidad de que cada vez que yo tenía días libres, a él siempre le tocaba turno de noche o había llegado de trabajar el día anterior y no tenía la más mínima gana de encontrarse conmigo. Su piso y el mío estaban bastante alejados. Él vivía en el norte de Múnich y yo en el sur. Al parecer todas las lunas y planetas de este universo terminaban siempre confabulándose en cierta forma para que nos viéramos como mucho tres o cuatro veces al mes. Siempre quedábamos en su casa. Tras un par de encuentros, comenzamos a quedar siempre en su casa, y tengo que reconocer que eso era un poco por mi culpa. Comenzó a entrarme un poco de miedo a que algún conocido nos viera juntos. Robert tenía una forma de hablar algo amanerada. Aparte, su forma de vestir se basaba en general en camisetas femeninas de colores, ajustadas, y con gran escote, que mostraban su pecho afeitado al desnudo, un vestuario que a mí me daba bastante vergüenza. Nunca se lo dije abiertamente, pero, tras varias citas, creo que comenzó a notar que no me sentía a gusto con él. Si quedábamos en la zona gay de la ciudad, en nuestros bares o restaurantes, no tenía muchos problemas. Aun así, intentaba a veces cogerme de la mano en público para pasear, fuera nuestra zona o no, y yo siempre miraba para todos sitios y me sentía muy incómodo. Supongo que habrá gente a la que eso no le importa, pero yo siempre he sido un chico al que no le ha gustado nada dar el espectáculo. Me considero muy normal, me gusta la gente normal y siempre quiero pasar desapercibido y no ser el centro de la fiesta.

Tengo que reconocer que fui yo el que terminé rompiendo esta primera relación en mi vida, si es que realmente a aquello se le podía considerar una relación seria. Yo era muy romántico, buscaba al príncipe azul por aquel entonces, pero sus defectos podían conmigo. No me sentía nada a gusto con él. Al final, el principal motivo por el que rompí la relación no fue su forma amanerada de ser o de ponerme en ridículo en público, eso constituía más bien mi propio problema y tendría que aprender a vivir con él en el futuro. Lo que más me molestaba de él, y me terminó convenciendo de tomar esa decisión, eran sus continuas quejas. Tras tres meses teóricos de estar juntos como pareja, porque nunca nos lo confirmamos con palabras, se había convertido en un completo ogro de las cavernas que no paraba de quejarse por todo: «Los alemanes son todos unos nazis y me odian», «mi trabajo es horrible», «debería marcharme a Londres, allí vive una amiga mía, y a los enfermeros nos va mucho mejor», «a esa compañera la odio», «mi jefe es horrible», «esta cerveza que me acaba de traer la camarera es una basura», «¿podría traerme otra sopa, que esta está totalmente fría?». Era horrible. No pasaban diez minutos en nuestras escasas tres o cuatro citas mensuales en las que no terminara criticando algún aspecto de alguien, su propia vida o quejándose y faltándole al respeto a algún otro. Supongo que el trabajo lo maltrataba bastante. Pero lo que nunca entendí es por qué solo se quejaba siempre de todo, pero nunca hacía nada para intentar cambiar algo en su vida. Su piso era pequeño y feo, no ganaba bastante dinero, las otras personas siempre tenían problemas y todo el universo estaba en contra de él, al igual que contra nuestra relación.

En el quinto mes de este tira y afloja rompí con él, aunque tengo que decir que tampoco fue de forma directa. Como todo lo que ocurría entre nosotros, fue de forma indirecta.

Unos amigos de toda la vida de Málaga iban a estar dos semanas visitando Roma ese verano y me invitaron a irme con ellos. Como necesitaba un cambio y aún no había cogido las vacaciones de verano, no me lo pensé dos veces y terminé marchándome con ellos sin ni siquiera decirle nada a él. Ya llevaba casi dos semanas sin verlo y suponía que Robert y yo no podríamos disfrutar de vacaciones conjuntas. Conociendo nuestro historial, él seguramente tendría que trabajar todo el verano. Nunca tuvimos una conversación muy práctica aparte de las quejas habituales. Ni él sabía lo que yo hacía durante la semana, ni a mí me interesaban más que los justos problemas de su trabajo, que no paraba de comentarme. Durante esos maravillosos días en la hermosa ciudad italiana de Roma, tuve muchos momentos para pasear solo y pensar. No estaba todo el tiempo con mis amigos. Al final, habíamos elegido hoteles diferentes debido a temas de presupuesto.

En esos días tomé una decisión: no quería seguir con alguien como Robert y no volvería a verlo cuando estuviera de vuelta en Múnich. De la noche a la mañana decidí no llamarlo, ni enviarle mensajes, ni nada similar. Mi pura sorpresa fue que, por lo que parece, ni se había dado cuenta de que ocurría algo con nuestra medio relación. No fue hasta pasadas unas cinco semanas, que por mi cumpleaños, y ya de vuelta en Múnich, me llegó un mensaje de texto al móvil: «Feliz cumpleaños. ¿Cómo te va? ¿Te apetecería venir a mi casa o salir a tomar algo? Hoy tengo tiempo». Me entró tal furia al leer ese mensaje... Era peor de lo que yo me había imaginado. No le importaba lo más mínimo y ni siquiera me había echado de menos, ni se había preguntado qué había estado haciendo yo en las últimas cinco semanas. Mi respuesta fue al grano por primera vez en nuestra medio relación. Estaba muy bien sin él y quería que me dejara en paz. Ya no quería volver a saber nada más de él. No hubo más respuesta ni volví a saber directamente nada de él, aunque supongo que de nuevo se pasaría varios días quejándose de mí y del complot planetario contra él.

Un par de años después lo vi de lejos en el metro de Múnich y otra noche lo vi igualmente de paso en un lado de la barra de una discoteca de ambiente de la ciudad. Siempre iba solo y con la misma cara de pocos amigos que siempre había tenido. Por lo que parece, seguía sin amistades y, lo que era peor, no había hecho nada por cambiar su vida en todo ese tiempo. Esto me llenó de regocijo interior, no porque a él le siguiera yendo mal o no hubiera conseguido sus deseos, sino porque me sentí bien por haber tomado aquella decisión en Roma. Verlo así me había confirmado que era lo mejor que había hecho hasta el momento con esa medio relación. Tenía que continuar con mi vida y me merecía un príncipe mejor que él. Si lo encontraba o no era otro tema, pero, para estar junto a un hombre así, prefería estar solo. Eso ya lo tenía más claro. No me iba a conformar con el primer príncipe que matara a mi dragón. Si me quedaba sin dragón, me buscaría a otro para volver a atraer al príncipe idóneo.

Creo que mis antiguos fracasos con Markus y Robert fueron un poco el detonante que hizo que mi atracción hacia el brasileño Jorge fuera tan intensa en sus primeros momentos. Era el primer príncipe que me decía cosas bonitas, que me enviaba mensajes al móvil casi todos los días, que me enviaba fotografías de sus viajes con una gran sonrisa en los labios. Él siempre se preocupaba por saber cómo me iba. Cada vez que recibía algo suyo me reía solo pensando en las musarañas. Su voz tan sexy en español, con ese acento brasileño, podía mantenerme horas al teléfono. Su vida era interesante.

Pese a que nunca lo había conocido hasta el viaje a Viena, soñaba con él, miraba sus fotografías continuamente y me imaginaba cómo sería la vida junto a él, con mi brasileño, con «mi guapetón», como había empezado a llamarlo en nuestras últimas conversaciones por aquel entonces. Empecé a obsesionarme un poco con él aunque en esos momentos no era capaz de verlo. Su amor virtual había empezado a infectarme como el peor de los virus de la gripe, aunque todo esto lo descubriría mucho más tarde.

El tren continuaba su camino hacia Viena. Atrás quedaban los prados húmedos y verdes de Baviera y con ellos mis pensamientos acerca de mis primeras relaciones y expectativas acerca de Jorge, el asistente de vuelo al que conocería en un par de horas. En ese momento lo que había eran prados austríacos, que al fin y al cabo no tenían nada que envidiar a los alemanes. Por delante me esperaban aún más de dos horas de camino. Pero eso no me importaba, no tenía prisa. Por un lado tenía muchas ganas de llegar y conocerlo, por otro, cuanto menos tiempo faltara para llegar a la estación, más nervioso me pondría. Recosté la cabeza en el asiento. Tenía que intentar dormir un poco para intentar relajarme. Con la imagen de Jorge en el centro de mi mente, me quedé medio dormido.

HISTORIAS

Como ya he comentado, siempre he sido muy imaginativo. Otra de mis aficiones de pequeño, aparte de la de intentar convencer a mi abuelo para que me comprara dulces, consistía en esparcir todos mis juguetes por el suelo del comedor. En un sitio colocaba a mis indios de plástico, en el otro al potente sheriff del condado, por otro lado mi dinosaurio preferido, al que le faltaba una extremidad, vestigio de alguna de sus múltiples batallas. Junto a mi dinosaurio luchaba siempre un cocodrilo gigante. No me acuerdo del porqué, pero junto al dinosaurio siempre tenía que luchar el cocodrilo. Era algo que seguramente tenía que ver con el balance natural del universo. El coche fantástico también solía participar en mis batallas. Una vez tenía la escena colocada, comenzaba a plantear toda la historia en mi cabeza y me parecía ver cómo unos luchaban contra otros, cómo el sheriff ponía orden y cómo, al final, el universo volvía a estabilizarse tras una batalla mortal en la que todo lo conocido había estado al borde de la destrucción completa. Me solía emocionar tanto con mis batallas mentales que siempre terminaba haciendo palmas muy nervioso y mi madre se reía mucho cuando me veía.

Hoy en día ya no hago palmas cuando estoy con mis historias, aunque me sigue gustando inventarlas. Contar historias y escribirlas es algo que me relaja, que me proporciona calma interior. A veces se me ocurren historias mientras duermo y en algunas ocasiones en que mis neuronas tienen una entre manos, me despierto muy exaltado, no porque sean malas o den miedo, sino porque me emociono tanto como cuando era pequeño, y termino despertándome. Esos momentos me encantan porque me acuerdo con exactitud de toda la historia que mi complicada cabeza ha ido creando de la nada. En más de una ocasión incluso he tomado un bloc de notas rápidamente y me he puesto a anotar esos sueños. Cuando posteriormente analizo esas historias que he escrito, siempre pienso que son unos relatos muy bonitos, a veces sin principio ni final. Sin estrés, sin complicaciones, tal y como a mí me gustaría que fueran mis relaciones. En esas historias no aparecen ni Markus, ni Robert, ni mi guapetón Jorge. En esas historias aparecen por ejemplo dos de mis personajes favoritos en los que me gusta pensar cuando me encuentro triste o desanimado por algo: Daniel y Gonzalo.

DIARIO DE ALFONSO: EL SUEÑO DE DANIEL Y GONZALO

Un rayo de luz había conseguido colarse entre las rendijas de la persiana que se encontraba perfectamente bajada. O eso pensaba Gonzalo, hasta el momento en que la luz fue a encontrarse repentinamente con sus ojos aún cerrados. Se encontraba tendido en una gran cama de matrimonio moderna en un bonito pero simple dormitorio, en el que el caos lo dominaba todo. Parecía que la noche anterior se había desatado un terrible huracán justo allí en medio.

Gonzalo agarró las sabanas y se dispuso a darse la vuelta para intentar esquivar la luz y seguir durmiendo un poco más. Aún estaba cansado de los juegos de la última noche. Al notar que la cama estaba demasiado vacía abrió su ojo derecho y luego el izquierdo. Su compañero ya no estaba.

No acababan de dar todavía las diez de la mañana y el sol comenzaba a tomar fuerza entre los olmos que se elevaban altos hacia el cielo. La calma lo cubría todo, a excepción de algún pájaro, que se atrevía a revolotear cerca del lugar donde Daniel había situado su centro de operaciones esa mañana. Era muy extraño ver el contraste que formaba la pequeña oficina portátil con el entorno. Si las ardillas hubiesen entendido de qué se trataba, hubiesen reído a carcajadas. Aunque ellas ya estaban acostumbradas a ver a Daniel colocar cada día la pequeña tumbona exactamente en el centro del jardín, colocar seguidamente a su lado la mesita y luego depositar sobre ella un extraño artilugio de color negro que hacia ruidos extraños mientras Daniel presionaba sus dedos sobre él una y otra vez.

Para Daniel este momento del día era el mejor. Tras una ducha caliente, salir al jardín a disfrutar de la mañana, aclarar sus ideas y, por supuesto, continuar con el libro en el que se encontraba inmerso en las últimas semanas. Siempre le venían las mejores ideas a esta hora, justo antes del desayuno.

Gonzalo ya se encontraba de pie junto a la cama realizando estiramientos como si nunca hubiera dormido tan bien como esa última noche. Solo llevaba puestos unos calzoncillos ajustados, así que decidió ponerse algo encima antes de bajar. Recogió sus pantalones vaqueros del día anterior, que se encontraban tirados en el suelo y luego se dirigió al armario, lo abrió completamente y en el primer cajón recogió la primera camiseta de manga corta que encontró. Al volverse fue consciente del desorden que se había apropiado del cuarto. Su mente comenzó a recordar los juegos de la última noche: su pareja era insaciable. Se lo habían pasado tan bien... Ojalá durara esa pasión por siempre. Lo quería desde el día en que el destino había decidido que era hora de cruzar las vidas de ambos. Todo había sido tan rápido, tan emocionante... Cualquier película romántica se quedaba corta si se comparaba con lo que habían vivido juntos en los últimos meses.

Atravesó medio vestido el pequeño pasillo en dirección al servicio, se lavó la cara y se dirigió escaleras abajo hasta la cocina, que se encontraba en la planta inferior. La cocina era impresionante, y no podía ser de otra forma ya que su construcción y diseño había sido estrictamente coordinada por él mismo. Una gran barra de mármol rodeaba dos paredes completas de la cocina. Por encima y por debajo de ella, se disponían varios armarios en los que se encontraban perfectamente estructurados montones de utensilios de cocina. Un refrigerador de dos puertas parecía dirigir la orquesta de cocina. No faltaba ni un solo electrodoméstico. En el centro, y al estilo americano, una gran encimera con varios fogones y un enorme fregadero.

Gonzalo encendió el horno para precalentarlo y se dirigió a la impresionante cafetera que parecía que necesitara de unos controles de nave espacial para dirigirla. Mientras el café comenzaba a gotear en dos tazas grandes, sacó del refrigerador un plato que contenía varios croissants aún sin hacer y los colocó cuidadosamente sobre la bandeja del horno.

Mientras el ordenador comenzaba a encenderse Daniel volvió su cabeza y lanzó un pequeño vistazo a la ventana de la cocina de la planta superior. A través de las cortinas pudo apreciar la silueta de Gonzalo.

¡Qué felices eran ambos! La compra de esa pequeña casita a las afueras de Palma de Mallorca era la mejor inversión que habían podido realizar hasta el momento. Qué suerte habían tenido cuando la dueña de la casa aceptó la contraoferta que le hicieron generosamente. No había otra vivienda igual en la isla, o eso pensaban ellos. Tres plantas, con una fachada de piedra antigua coronada por una gran chimenea, constituían toda la estructura. A ambos lados se elevaban ventanas amplias decoradas con pequeños tejados plagados de teja verde reluciente. Un frondoso jardín remataba la obra de arte. Una amplia franja de césped rodeaba la casa, que se encontraba situada en el centro de una pequeña finca con árboles elevados. Algunos olmos, eucaliptos y pinos eran miembros de ese privilegiado Edén.

La brisa comenzó a soplar de nuevo acariciando los olmos a su paso. El olor a sal, transportado varios kilómetros por el viento desde la cercana playa, inundó el claro. En ese momento Daniel lanzó una pequeña sonrisa mientras tecleaba en el portátil. Junto al olor a sal pudo percibir el de un café fuerte. Como se había imaginado al ver antes su silueta, Gonzalo ya estaba despierto y trasteando allí arriba en la cocina.

Los recuerdos de su primer viaje juntos volvieron a retornar a la mente de Daniel. Habían vivido montones de momentos en pareja, muchos buenos y algunos maravillosos. Y aunque también tuvieron sus pequeños sobresaltos, habían aprendido muchísimo el uno del otro.

En uno de los cajones de la sala de estar se acumulaban pilas de fotografías que habían sido testigo de los múltiples viajes que habían realizado juntos. Habían tenido la oportunidad de pasear por los Campos Elíseos en París, disfrutaron del mejor café en Viena, de las mejores tapas en Bilbao, de un desastroso fin de semana de compras por el centro de Roma que aún les hacía sonreír, y del concierto clásico en la ópera de Budapest que consiguió que ambos terminaran sin palabras, paseando por la parte antigua de la ciudad, besándose bajo la luna llena sobre el gran puente que cruza el Danubio. Una lágrima quería escapar por la mejilla de Daniel recordando esos viejos momentos. Había sido todo tan bonito... Justo en ese momento en que su mente se encontraba volando hacia un lugar lejano en el tiempo, una mano se posó sobre su hombro y le acarició suavemente el cuello:

—Buenos días, no te oí levantarte hoy —dijo Gonzalo.

—Supongo que estarías cansado de la fiesta de anoche, creo que te pasaste un poco con el cóctel. Ya te advertí que Bárbara es peligrosa preparando bebidas

—Bueno, no sé yo si el cansancio es culpa de la fiesta o de los juegos olímpicos que organizamos luego en casa.

—Daniel lanzó una sonrisa de complicidad.

—Dame un beso, anda —dijo Daniel.

Gonzalo se aproximó, soltó la taza de café humeante sobre la mesita que se encontraba al lado del ordenador y ambos se dieron un cariñoso beso de buenos días.

—Te he traído un café, con mucha leche, como a ti te gusta —dijo Gonzalo.

—¡Qué haría yo sin ti!

—No digas tonterías. Estarías igual que ahora, encerrado en tu mundo de historias y sueños.

—Sí, por desgracia aún me queda mucho. No acabo ni de empezar a contar todo lo que quiero exponer antes de que empiecen la acción y los tiros.

—¿De qué va la historia? ¿Puedo verla?

—No seas curioso. Ya te dije que serías el primero en leerla cuando estuviera terminada.

—Ya lo sé. Como siempre.

—Exacto, como siempre, ¿Qué pasa? ¿No tienes hoy nada que hacer en el restaurante? —preguntó Daniel.

—¿Me estás echando? Déjame al menos que desayune tranquilo, hombre.

—Es broma, ¿cómo no voy a querer desayunar con el tipo más guapo de toda la isla? Aunque no sé, quizás ni desayunemos, con esa camiseta tan sexy que te has puesto hoy.

Daniel lanzó una mirada de arriba a abajo a Gonzalo, haciéndose el interesante.

—Eres increíble, casi no te acabas de despertar y ya piensas en eso —dijo Gonzalo.

—Anda, ¿que a ti no te apetece?

Ambos soltaron una carcajada de complicidad.

—Bueno, voy sacando los croissants del horno. No tardes, que se enfrían. Te espero en la cocina.

Gonzalo volvió a entrar en la casa mientras Daniel se quedó observando la parte posterior de sus jeans desde la pequeña oficina portátil situada en medio del jardín. Unos minutos después cerró la tapa del portátil y lo dejó abandonado para volver luego a continuar con la tarea. A paso lento pero seguro se dirigió a la vivienda, se paró en la puerta, se volvió, y observó un poco el jardín y aquel ordenador que se hallaba en el centro de la mesa. Una sonrisa de felicidad iluminó su cara. ¿Acaso podía ser su vida más sencilla y bella? Cerró la puerta tras de sí y la brisa volvió a inundar el jardín. Pocos minutos después dos figuras conversaban y reían en la cocina de la planta superior.

LLEGANDO A VIENA

El revisor del tren me dio unas palmadas en el hombro para que me incorporase y le mostrase mi billete justo en el momento en que, en mi sueño, empezaba la acción en la cocina entre Gonzalo y Daniel. Todavía medio dormido y con una sonrisa en la cara por mis pensamientos sobre mis dos personajes favoritos, busqué en la mochila los tiques que había imprimido en casa y que me llevaban al encuentro con Jorge en Viena.

CAPÍTULO DOS
Viena

EL DRAGÓN HA MUERTO

Quedar con alguien por internet para conocerlo en persona te hace perder varios años de vida. No es que haya leído esto en alguna revista como el Hola. Es una conclusión a la que he llegado yo solito tras varias experiencias personales. La cantidad de estrés que te genera una cita así es directamente proporcional al número de contactos virtuales que hayas mantenido hasta ese momento con ese individuo y al número de fotografías que hayas intercambiado con él. Al contrario de lo que muchos pensarían, por haber intercambiado más imágenes o haber hablado más a menudo, o incluso haber mantenido varias videoconferencias, el nivel de estrés que genera esa primera cita no disminuye a pesar de la confianza o la seguridad de saber cómo es la otra persona. El nivel de inseguridad aumenta incluso más. Nuestra mente es de fácil enamoramiento. La falta de contacto hace que nuestras neuronas se pongan a trabajar de forma intensa en un concepto virtual de pareja que es siempre, aunque no nos demos cuenta, mucho más positivo de lo que podemos encontrar en la realidad. Esto nos genera muchísimas expectativas, ilusiones y, a la vez, miedos a que esa cita concreta no resulte tan idéntica al teatro de marionetas que hemos formado en nuestra cabeza.

Me ha ocurrido con todos mis intentos de conocer a alguien interesante. El corazón se me acelera hasta puntos insospechados y empiezo a decir muchas tonterías. A otra gente le da por no saber qué decir y a mí me da por hablar y hablar sin sentido. A veces hasta me pongo a hablar de mis experiencias con otros hombres, lo que nunca es un buen augurio para la nueva cita. No lo puedo evitar, simplemente.

Los primeros minutos de contacto visual son los más importantes. Si la otra persona no nos atrae absolutamente nada, al contrario de como nos la habíamos imaginado, no hay problema, pues se acaban los nervios y solo pensamos: «En una hora estaré en casa y no lo volveré a llamar». Pero si el contacto cumple con nuestras expectativas o, lo que es peor, las sobrepasa, nos pondremos aún más nerviosos, ya que un miedo horrible empezará a corroernos, y temeremos que el otro no nos encuentre igual de atractivo o de su agrado y se vaya todo al garete con una decepción increíble por nuestra parte.

El día que conocí a Jorge la situación fue muy distinta de mis citas anteriores con Markus o Robert, aunque comenzó de forma similar. Conforme el tren empezaba a disminuir su velocidad al aproximarse a la estación central de Viena, mi corazón empezó a acelerase proporcionalmente. En ese momento fui consciente de que si nos encontrábamos y todo era un desastre, no estaba preparado para lo peor, pues tenía un billete de tren de vuelta para tres días después y no había buscado ni siquiera un hotel de emergencia donde alojarme. Cuando quedaba en Múnich con algún chico, siempre me iba a casa tras la operación fallida, y listo. Aquí me lo jugaba todo, por lo que si la aventura salía mal lo mismo terminaba durmiendo debajo de un puente. En mis pensamientos tampoco entraba estar durmiendo tres días con alguien que no me atrajera lo más mínimo. Aunque algo en el fondo me decía que eso eran tonterías y que mi historia no podía terminar así. Al fin y al cabo, como dicen, a la tercera va la vencida, o eso es lo que yo quería creer.

El tren se detuvo, y justo en ese momento, como si alguien hubiera estado esperando el momento exacto, llegó un mensaje de texto a mi teléfono móvil. Era Jorge diciéndome que acababa de llegar y que me esperaba al final del andén. En ese momento creo que se me paró el corazón, o latía tan fuerte que ni siquiera era ya capaz de notar los cambios entre pulsaciones. Estuve a punto de olvidar incluso la única maleta que llevaba en la bandeja superior de mi asiento. La cogí deprisa y me dirigí a la escalerilla con un nudo en la garganta.

El paseo del andén, de unos trescientos metros desde donde estaba mi vagón hasta el final de la plataforma, se me hizo eterno, y pasó por mi cabeza a cámara lenta, como si de treinta kilómetros se tratara. Ya casi al final todavía no había sido capaz de ver a Jorge por ningún sitio, lo cual aumentó aún más mi nervosidad. Estaba a punto de pararme al lado de uno de los kioscos de prensa para llamarlo con el móvil, cuando reconocí su cara a unos cien metros. Ya no había vuelta atrás. Agarré de nuevo el asa de mi maleta y todavía más lento incluso que en los trescientos metros del andén, me dirigí con el paso más firme que pude a su encuentro. Fue justo en ese momento cuando una hermosa sonrisa de perfectos dientes blancos que nunca olvidaré apareció en la cara de Jorge, una sonrisa que en contra de todas mis teorías sobre las citas, borró en un solo segundo cualquier atisbo de nerviosismo incrustado en mi cuerpo, como si una fuerte ráfaga de viento hubiera aparecido repentinamente y hubiera barrido todos estos sentimientos y los hubiese llevado lejos, muy lejos, donde yo ya no pudiera sentirlos. Era la sonrisa más preciosa que había visto en mi vida. Nos saludamos con un apretón de manos. Sentí por primera vez esas manos delicadas y suaves, pero a la vez fuertes y robustas. El apretón de manos también me ayudó a sentirme más cómodo. Seguía teniendo los mismos problemas para expresar mi afecto a otro hombre en público, como cuando estaba con Robert. No recuerdo lo que dije en aquel momento, ni creo que me acuerde nunca, ya que mi mente estaba ocupada en intentar descifrar ese misterio de hombre tan perfecto que se presentaba ante mí. Sus penetrantes ojos verdes, pero dulces a la vez, que te observaban y te pedían que lo abrazases, que lo mimases. Su nariz redondeada y sus pequeñas orejas, todo acabado por una pequeña barba rubia que intentaba hacerse un hueco en una cara perfectamente lisa y morena.

La primera conversación que intercambiamos y de la que fui consciente comenzó con los típicos temas del viaje y de lo que nos alegrábamos los dos de que por fin hubiéramos podido conocernos. Jorge, casi de inmediato, y de una forma grácil y natural, como si lo hubiera hecho para mí cientos de veces, agarró la maleta y me indicó que le siguiera, sin tan siquiera preguntarme si me hacía falta ayuda. En ningún momento me negué o protesté. Ese brasileño era la creación de la naturaleza más perfecta que había visto en mi vida y si él me decía que fuera al fin del mundo y lo abandonara todo por él, lo haría en el acto, sin ningún tipo de miramientos.

Quizás penséis que en aquella época yo era un chico sumiso, con poca personalidad, ningún éxito con los hombres y que se dejaba llevar por los demás. Justo al contrario. Si bien es cierto que siempre fui un poco reservado y me costaba abrirme a los demás, nunca se debió a mi timidez o a que no me lanzara. Si hubiera sido un chico estancado jamás habría decidido abandonarlo todo para irme a trabajar a Alemania. En realidad me costaba abrirme a los demás por el miedo que implicaba sentirme débil. Tenía un miedo horrible a ser herido. Siempre he sabido lo que quiero y no suelo dejarme influir demasiado por los demás. Aparte, como ingeniero siempre he sido un chico con los pies en la tierra, que analiza las cosas demasiado. Eso sí, un ingeniero con un lado sentimental muy grande, que siempre intento mantener oculto.

El día que conocí a Jorge no sé qué ocurrió dentro de mí. Fue como una especie de explosión nuclear que arrasó todas las partes de mi personalidad que había cuidado y criado hasta el momento y que dejó tras de sí un campo vacío, un campo, al contrario que en el caso de las explosiones nucleares verdaderas, perfecto y fértil para un nuevo cultivo. Era como volver a empezar de nuevo, olvidar en un solo suspiro todos mis encuentros fallidos. Olvidar a Markus, a Robert y a algunos otros con los que alguna vez quedé, pero que nunca acabaron en más que un café, una cena o una mala conversación. Con Jorge el dragón de mi reino había muerto definitivamente y yo me había convertido en la princesa rescatada de mi propio cuento. Lo mejor de todo el asunto es que el príncipe era incluso mejor que los que había imaginado cientos de veces y a solas en mis aposentos.

UN HOTEL, UN SUEÑO

Una de las ventajas de trabajar para una compañía aérea es la de poder hospedarte en alguno de los hoteles más bonitos y caros de las ciudades más importantes del mundo. Esto lo aprendí aquella tarde al bajar junto a Jorge de la parada de metro en Viena y encontrarme ante el Radisson Blu Palais. Era un hotel con una fachada impresionante de estilo clásico. Su enorme recepción estaba decorada como esas mansiones que siempre se ven en las películas de reyes y aristócratas. Enormes pasillos de piedra coronados por lámparas gigantes con cientos de bombillas en forma de vela. Escaleras clásicas repletas de estatuas que te observaban y unos techos de escayola cuidados hasta el último detalle. Un hombre mayor nos sonrió desde la recepción decorada con motivos dorados mientras atendía de forma cortés al teléfono. Cogimos el ascensor y nos dirigimos a su habitación. Al entrar, una estancia muy cuidada nos dio la bienvenida. La decoración cumplía perfectamente las expectativas creadas por un hotel con ese nombre y esa fachada. Lámparas clásicas, cortinas replegadas en los laterales con broches dorados, un sofá de madera con un tapiz verde, un escritorio de madera marrón con acabados de flores, y una impresionante cama de matrimonio de madera a juego con el escritorio que completaba el habitáculo.

Jorge tomó la maleta con sus manos fuertes. Sus brazos sobresalían de un polo oscuro y se marcaban en ellos las venas. Colocó la maleta sobre el habitáculo dispuesto para ello en un lateral de la habitación. Su estatura era un poco menor que la mía, pero siempre me han atraído mucho los chicos bajitos, muy masculinos y fuertes. El polo oscuro se entreabría en su parte superior mostrando un cuello fuerte, donde también se podían diferenciar las venas laterales. Su perfecta sonrisa volvió a dibujarse en su cara cuando vio que de nuevo lo estaba observando concienzudamente, de arriba abajo, y yo le respondí con otra sonrisa de las mías, no tan perfecta, pero al fin y al cabo una sonrisa sincera de las que a veces también soy capaz de ofrecer.

—Bueno pues esta será nuestra camera por estos días. ¿Qué le parece? —dijo Jorge.

—Me has dejado sin palabras, es preciosa.

—No crea que siempre nos dan una camera como esta. A veces en otros hoteles son un poco más feas —dijo Jorge, con su español suramericano mezclado con italiano y brasileño, un acento que ya me llevaba volviendo loco un buen rato, desde que habíamos salido de la estación central, y que no había notado hasta entonces a través de las videoconferencias. Ese acento no me volvía loco porque fuera algo molesto, justo al contrario, era la forma más sensual que había oído de pronunciar mi idioma materno hasta ese momento.

Unos segundos más tarde fijaba sus bonitos ojos verdes en los míos y se acercaba lentamente a mí, mientras me decía que yo era mucho más guapo que en las fotos. Con sus fuertes brazos empezó a acariciarme lentamente la cara y el cuello, y antes de que fuera consciente de lo que ocurría, yo lo abracé con todas mis fuerzas y nuestras bocas se juntaron en un beso húmedo eterno que detuvo el tiempo en mi cerebro. Mi mente se quedó en blanco y solo importábamos él y yo. El mundo a nuestro alrededor se había esfumado en sombras.

Cuando, unas dos horas más tarde, conseguimos apartarnos por unos minutos el uno del otro, yo estaba exhausto en la cama. En el cuarto de baño corría el agua sobre el cuerpo enjabonado de Jorge mientras se duchaba. Casi podía imaginármelo delante de mí, aunque no hubiera conexión visual con el cuarto de baño. El agua recorría esa ancha espalda y ese pecho fibroso que terminaba en unos abdominales marcados y en una pequeña y dulce mata de pelo que rodeaba su grueso pene, ahora en reposo. Solo poseía vello en los genitales, en las axilas y un poco en la cara. Eso lo hacía aún más atractivo y dulce. Me volví a estremecer al pensar lo que habíamos hecho un par de minutos antes. Todas las experiencias que había tenido hasta ese momento ya ni siquiera se podrían considerar experiencias si intentaba contrastarlas con lo que acababa de ocurrir en el Radisson Blu Palais de Viena. Si esta vez estaba soñando e inventando otra de mis historias, como cuando estaba dormido en el tren pensando en la vida de Gonzalo y Daniel, no quería volver a despertar. Era el mejor sueño que había tenido hasta aquel momento. Era la mejor historia, mi sueño, lo que había estado ansiando tanto tiempo en lo más profundo de mi mente. Si era preciso morir soñando una historia así no me importaba.

PASCUA DE RESURRECCIÓN

Aquel fin de semana que conocí a Jorge y acabamos juntos en ese maravilloso hotel de Viena, se celebraba lo que por el norte de Europa se llama la Pascua. Una celebración en la que extraños conejos esconden huevos de chocolate, que los niños, entre risas, y bajo la supervisión atenta de sus padres, se empeñan en buscar en muchos jardines y parques. Yo nunca había permanecido durante esos días por el norte de Europa. Siempre había regresado a mi tierra para celebrar la Semana Santa, como se espera de todo buen malagueño, y que coincide exactamente con esa Pascua en el norte de Europa. En realidad no es que Jorge fuera alguien muy religioso, y en el fondo me alegro por ello, porque conozco algunos casos de chicos gays muy religiosos que lo han pasado fatal para asumir su condición. Como decía, la Semana Santa no era la principal razón que me atraía a mi tierra todos los años por esos días. En Alemania, por Pascua, siempre había varios días libres y a mí, sin pareja, no me apetecía lo más mínimo quedarme en casa. Estar en mi piso sin planes era un caldo de cultivo ideal para las depresiones, al menos para gente que piensa y se tortura mentalmente tanto como yo. Pero esa Pascua era diferente. Me había surgido un buen plan y un simpático conejo había querido que yo me encontrara con uno de los huevos de chocolate más apetitosos que se podían encontrar y todo ello en un jardín incomparable, Viena. Tenía que aprender a saborearlo y disfrutarlo lentamente, ya que, pasado el fin de semana, él volaría de vuelta a su trabajo y yo me marcharía en el tren al mío.

Tras nuestro primer encuentro en el hotel y después de haber echado un poco la siesta decidimos salir a comer y beber algo por el ajetreado centro de la ciudad. Jorge tuvo la brillante idea de ir a comer sushi. Yo nunca había probado el pescado crudo con arroz japonés y me pareció una buena idea. Sin pensarlo dos veces me atreví y acepte su proposición, pues al fin y al cabo aquel podía denominarse el fin de semana de los experimentos, aunque esta vez mi experimento no acabó muy bien. Justo antes de que Jorge pudiera detenerme y explicarme cómo se comía aquel extraño manjar que la camarera acababa de dejar en la mesa, embadurné completamente uno de esos rollos de arroz con pescado en esa salsa verde, pensando que se trataba de algo hecho con aguacate. Cuál fue mi sorpresa al comprobar que mi boca ardía y mis ojos enrojecían, y que no era capaz de soltar ni una palabra o siquiera respirar. Fue una situación que hoy en día me hace reír, igual que le pasó en ese momento a Jorge, pero que en aquel entonces no tuvo tanta gracia. Tras la accidentada comida y después de haber entretenido a media terraza del local con mi tos y mi atragantamiento, siguió un paseo de ensueño por el centro de Viena. En mi mente ha quedado esa noche marcada de forma extraña. No soy capaz de recordar exactamente por qué calles anduvimos, o qué hermosos barrios y parques visitamos. Los recuerdos de mi mente están marcados por colores y fachadas de ensueño, así como de carrozas y caballos blancos que recorrían la ciudad con turistas. Parques maravillosos y edificios descomunales. Sin embargo, esa noche podía haber estado en medio del Paraíso y no hubiera sido capaz de concentrarme más allá de la belleza que había a mi lado. Tras tomar un cóctel en un bar moderno del centro, volvimos al hotel, y nuestra noche de juegos amorosos continuó hasta bien entrada la madrugada. Tras una nueva ducha rápida de Jorge me quedé dormido con la cabeza apoyada en su hermoso y fornido pecho.

El segundo día transcurrió nuevamente con caminatas y conversaciones incansables a través de esa hermosa ciudad. Entre parques, edificios imponentes y visitas a algunos de los cafés más maravillosos que he visto en mi vida. Poco a poco fui descubriendo algo más de la vida de Jorge y poco a poco fui dejando entrever un poco más de mí.

Jorge era originario de Rio de Janeiro. Era hijo único, y huérfano desde que era pequeño. Al parecer sus padres habían muerto en un accidente de coche cuando él solo tenía un par de años. Ese día quiso la casualidad que él no fuera con ellos en el vehículo. Su abuela se hizo cargo de él y le pagó los estudios con ayuda del dinero del seguro que le quedó de sus padres. Jorge, pese a los traumas que seguro hubo de tener de pequeño, se convirtió en un chico responsable y fue a la universidad, donde estudió filología alemana para terminar preparándose un par de años más tarde para ser asistente de vuelo. Nunca tuvo el más mínimo problema en asumir su sexualidad y ya desde que sus hormonas empezaron a revolucionarse, supo lo que quería y terminó independizándose gracias a su trabajo en el aeropuerto. Mantuvo varias relaciones con otros hombres. Incluso con dos de ellos había estado viviendo cuatro o cinco años en pareja y con una casa en común. Uno de ellos fue argentino y por eso él hablaba con un acento español tan interesante.

Con el paso de los años había terminado todas sus relaciones con problemas y Jorge había necesitado un cambio. Cosas de la vida hicieron que la compañía aérea Emirates buscara en Brasil personal para sus nuevos aviones. Supongo que sería por aquel entonces un tema de política de empresa, aunque eso no me lo contó nunca. La verdad es que puedo entender a esa empresa. Viendo a Jorge, buscar brasileños para atender a su clientela no era mala idea, sobre todo si todos eran tan apuestos como él. De esta forma, y cansado de su rutina en Brasil, abandonó todo y se marchó a vivir a un piso en la ciudad de Qatar, la ciudad de aquel desierto lejano, como yo la llamaría a partir de aquel entonces. Desde allí volaba a medio mundo casi todas las semanas. Qatar, al parecer, era como una especie de punto central para los vuelos internacionales a Europa, Oriente Medio y Asia. De ahí que los empleados de la empresa tuvieran que residir en esa ciudad, una residencia que la empresa pagaba junto con un buen sueldo.

Si bien su historia era triste, ya que en realidad no tenía familia aparte de una tía a la que no veía casi nunca, y vivía en un piso prestado, por así decirlo, por la empresa en una ciudad perdida en medio de un desierto, su vida era desde mi punto de vista emocionante y atrayente. Él estaba muy seguro de sí mismo. Era muy atractivo y parecía que tuviera una experiencia y madurez enormes en todos los sentidos. Una semana estaba en Pekín, la siguiente en las islas Seychelles y otra en Londres. Desde mi punto de vista un hombre como él podría tener todo lo que se propusiera. A partir de aquel día Jorge se convirtió para mí en una especie de dios encima de un pedestal elevado. Un dios al que alabé y bendije por haber decidido darme la oportunidad de yacer aunque solo fuera un fin de semana junto a él.

El fin de semana terminó con un cucurucho de helado mientras estábamos sentados en un banco de piedra en los jardines del maravilloso palacio de Belvedere, una zona de la ciudad de ensueño. Se trata de un palacio gigante con enormes escaleras y ventanales que se alza al fondo de un valle impresionante, de césped natural, rodeado de árboles y coronado por una serie de fuentes con caballos gigantes de piedra. El sonido lejano del agua junto con el viento, que rozaba los hermosos árboles en la zona de sombra donde estábamos sentados, quiso ser aquel día partícipe de nuestra promesa de volver a vernos todo lo que pudiéramos. Jorge se sentía muy a gusto conmigo y me necesitaba, o al menos eso fue lo que en aquel momento me dijo. A partir de entonces intentaríamos combinar nuestros días libres o sus innumerables viajes para intentar vernos lo más a menudo posible. Con esas promesas de amor y sentimientos llegó lentamente el fin de la tarde y, con este, el momento de nuestra despedida. Esa noche Jorge volvía a trabajar en un vuelo de vuelta a Qatar y, un par de días después, a saber en qué parte del mundo se encontraría. Yo por mi parte tenía un destino concreto: la vuelta a mi rutina. Pero esta vez volvía a mi vida con grandes esperanzas y enamorado hasta los huesos. Cogí mi maleta y con un beso que intenté que se me hiciera eterno, pero sobre todo dulce, salí camino de la estación central. De vuelta en el tren el tiempo pareció pasar volando. Mi mente recorrió ese fin de semana una y otra vez exhaustivamente. Ya tumbado esa noche en mi cama de Múnich, no podía dormir. En mi mente solo había espacio para mi guapetón.

CAPÍTULO TRES
Normalidad aparente

VUELTA AL TRABAJO

Tras el maravilloso fin de semana en Viena volví a mi trabajo repleto de energía. Si bien es cierto que durante los primeros días me costó volver a concentrarme en mis tareas, saber que Jorge pensaba en mí allá donde estuviese me alegraba las horas delante del ordenador y hacía que mi jornada se hiciera más corta, al menos psicológicamente hablando, ya que había días que tenía que trabajar nueve o diez horas para finalizar un proyecto importante que por aquel entonces nos traíamos entre manos. A veces me llegaban mensajes de texto de él, donde en pocas palabras me ponía al día de su nueva jornada laboral. Me explicaba las ciudades tan bonitas que había visto, lo que había cocinado. Casi todas las semanas hablábamos al menos tres o cuatro veces por Skype. A veces era por la mañana temprano, otras ya entrada la madrugada. Jorge cambiaba casi todas las semanas de zona horaria un par de veces. Su vida me parecía muy emocionante y cargada de experiencias: esos viajes, todos esos conocidos que se encontraba aquí y allá. A veces me pasaba horas enteras en casa sentado en el sofá, en silencio y con un café en la mano, imaginando tan solo qué hacía en ese momento mi Jorgito.

Nos volvimos a ver pasadas unas dos semanas y esta vez, como en el resto de ocasiones en las que nos veíamos, fue en Múnich. Jorge tenía la ventaja de que hablaba muy bien alemán, debido a sus estudios de filología en Brasil y no tenía nunca problemas para solicitar destinos en Europa. Más concretamente en Alemania, que era adonde estaban más interesados en viajar los clientes adinerados de Emirates por aquel entonces. Lo habíamos hablado un par de veces y hasta ese momento la situación se podía resumir sencillamente en que los dos nos queríamos, o eso nos repetíamos cientos de veces al teléfono, y queríamos estar juntos el mayor tiempo posible. Sin embargo, por su trabajo y por el mío no era del todo posible. El acuerdo al que llegamos fue que Jorge intentaría cambiar vuelos lo más a menudo posible y, si no volaba a Múnich, pero sí a Viena, a Berlín o adonde fuera que me quedara a mí a un par de horas en tren, yo cogería un billete e iría a encontrarme con él en su maravilloso hotel del centro, como ya habíamos hecho por Pascua en Viena.

Cuando Jorge venía a Múnich se hospedaba siempre en el hotel Sheraton, que se encuentra cerca del mayor parque de la ciudad, en una preciosa zona ajardinada. Sin embargo, no pasaba prácticamente por el hotel: siempre dormía en mi cama. Solo visitaba el hotel cuando se lo permitían nuestras ansias de juego y descubrimiento mutuo, o cuando por desgracia tenía que marcharse para continuar con su trabajo. Normalmente su compañía de viajes volaba muchas horas a un destino lejano. La tripulación al completo permanecía en ese destino un par de días y luego regresaba con el vuelo de vuelta.
Los primeros fines de semana que se pasó por la ciudad hicimos un poco lo mismo que cuando estuvimos juntos en Viena. Le enseñé la ciudad por encima, fuimos a mi casa a acostarnos, volvimos para comer algo al centro, volvimos a acostarnos, volvimos al centro y así repetidamente, alternando entre cafés, bares y museos. El lunes yo volvía siempre al trabajo totalmente exhausto de tanto juego de cama, y Jorge volvía de nuevo en su avión a Qatar para descansar otro par de días y volar justo después a cualquier otra parte del mundo.

OTROS ENCUENTROS

El encuentro en Múnich que ambos tomábamos como una aventura volvió a repetirse un par de veces más, y así fue transcurriendo el tiempo y pasando el verano entre llamadas, videoconferencias y algún que otro encuentro esporádico de tres días, normalmente coincidiendo con el fin de semana en Múnich.

En ese tiempo cambié bastante. Hasta entonces, y pese a que tenía asumida mi sexualidad sin ningún tipo de problemas desde hacía varios años, no me había gustado expresarme en público con otro hombre y solía evitar, por ejemplo, los bares de ambiente, por miedo a que alguien me viera por allí por casualidad. Hasta entonces no me había sentido muy a gusto mostrándome al mundo tal y como era en realidad. Siempre tenía una especie de miedo a que la gente no pudiera entenderme y me rechazara. Sin embargo, estaba tan cómodo en mi relación con Jorge en aquellos momentos que en alguna que otra fiesta, ya medio borracho, terminé contando a mis compañeros de trabajo que me gustaban los hombres y que mantenía una relación con un chico brasileño. Sentí que me quitaba un tremendo peso de encima al no tener que seguir sus bromas cuando se ponían a hablar de mujeres. Con mi mejor amiga de Múnich, Amparo, me pasó algo parecido. Ambos nos habíamos conocido un par de años antes siendo estudiantes de intercambio en un pueblecito del sur de Alemania a unos doscientos kilómetros de Múnich. A pesar del tiempo que le dedicamos a nuestros respectivos estudios nunca habíamos tenido un gran contacto. Tras decidir de casualidad, cada uno por su cuenta, mudarse a vivir y trabajar en Múnich, terminamos encajando muy bien y convirtiéndonos en muy buenos amigos. Sin embargo, tras bastante tiempo de buena amistad, aún no me había atrevido a contarle mis gustos masculinos. Ahora que estaba con Jorge parecía que ya no me importaba tanto la opinión de la gente, es más, tenía una especie de necesidad de contar al mundo que yo también vivía en una relación y que mi hombre era el mejor del mundo, el más guapo, el más simpático, el más inteligente... Lo tenía en un pedestal y eso influía totalmente en mis pensamientos e incluso en mi forma de ser. No me importaba si alguien me rechazaba o no me entendía, pues en ese caso yo no necesitaría a ese alguien, ya que tenía a mi guapetón. Cuando Amparo se enteró de mis tendencias hacia otros hombres nos reímos bastante. En una ocasión recuerdo que ella abandonó a su novio alemán un largo puente de cuatro días y se vino conmigo a Bruselas en plan aventura. De hecho, terminamos durmiendo en un hostal en la misma cama, aunque lógicamente solo dormimos. Ya por aquel entonces teníamos una gran confianza el uno en el otro y pese a que Amparo aún no sabía nada, en realidad ya lo intuía, o eso al menos me confirmó más tarde. Su novio por aquel entonces no se lo tomó muy bien y seguramente tampoco habría dormido esos días, debido a que debía pensar que ambos teníamos una especie de aventura a sus espaldas. Sin embargo ahora ella podía demostrarle que todo era una buena amistad y que no tenía por qué pensar más ideas extrañas. Tiene gracia que por aquel entonces en Bélgica no se lo contara a Amparo. A veces cuando uno piensa en el pasado y analiza lo que hizo no es capaz de discernir el porqué de esa acción. Muchas veces he intentado buscar dentro de mí por qué razón nos cuesta más trabajo contar la verdad a las personas más cercanas a nosotros que a aquellas que no conocemos de nada. Ahora no entiendo por qué razón no se lo dije entonces. Hubiera sido el momento ideal. Y sin embargo no me atreví. Creo que en el fondo tenía miedo a perderla, era mi mejor amiga en Múnich. Desde mi punto de vista esta podría ser la clave de por qué nos cuesta sincerarnos acerca de ciertos temas con los que más nos quieren. Creo que es por el miedo a descubrir que a lo mejor ellos no nos quieren tanto y podrían rechazarnos, que podríamos llegar a perderlos cuando descubriesen nuestro secreto.

Amparo siempre ha sido una chica que llama mucho la atención desde el principio porque es muy inteligente y, sobre todo, porque no siente ningún pudor para preguntar lo que le interesa saber, independientemente de si acaba de conocer a una persona, o si la pregunta no es adecuada o está fuera de contexto. En alguna fiesta a la que nos han invitado juntos he visto sudar a más de un conocido tras pasar por su lista interminable de preguntas delante de los demás invitados: «¿Cuánto ganas?», «¿en qué trabajas?», «¿estás soltero?», «¿has tenido muchas relaciones en tu vida?», «¿qué le hiciste para que te abandonara?», «¿has hecho tú los canapés o los has comprado?».

Recuerdo perfectamente la ocasión en que Jorge vino ese verano a Múnich y decidimos salir con Amparo y otros amigos a tomar una copa para que ella por fin lo conociera.

—¿Así es que tú eres el brasileño del que no para de hablar? —dijo Amparo nada más darle dos besos, para seguidamente pasar a levantarle la camiseta y observar con sus propios ojos y manos si la tableta de chocolate que yo tanto había descrito existía en realidad.

Tras la divertida presentación en la que yo me reí bastante y Jorge quedó un poco trastocado pese a su seguridad natural, fuimos a tomar un par de copas a un club de la ciudad. La noche transcurrió entre risas, bebidas y una conversación de lo más agradable. Se nos hizo bastante tarde y tuvimos que acompañar a Amparo a coger un taxi para que pudiera volver de forma segura a casa. Nuestros otros amigos ya se habían marchado hacía un rato. Ya entrando en el taxi y tras haberse despedido con dos besos de ambos, se volvió de nuevo justo antes de cerrar la puerta tras de sí y dijo, mirando a Jorge a los ojos: «No le vayas a hacer daño. Es demasiado bueno. Si lo hieres, te las verás conmigo». Esa frase se quedó grabada en mi mente y todavía hoy puedo escuchar el tono con el que Amparo amenazó a Jorge. Esa noche pareció un típico comentario gracioso de mi mejor amiga. Sin embargo más tarde he pensado muchas veces en esa frase. Quizás ella, con su intuición femenina y tras habernos observado toda la noche, había sentido algo que yo, desde mi plan sumiso de enamorado hasta los huesos, no era capaz de ver. Esa noche fue la última vez que Amparo vio a Jorge y esa fue la última noche que yo vi a Jorge como mi pareja y no como a un extraño que ya no me quería lo más mínimo.

CAPÍTULO CUATRO
Nubarrones negros

LLEGAN LAS VACACIONES

El otoño había entrado con mal pie en Múnich. Hacía bastante frío y yo llevaba una temporada con mucho trabajo y problemas en la oficina. Mi cumpleaños se acercaba y no me apetecía lo más mínimo celebrarlo solo en mi casa. El año anterior había roto con Robert por mi cumpleaños y de nuevo tenía un mal presentimiento. Jorge al parecer también tenía bastante trabajo y no podría realizar ningún milagro en esa ocasión para estar en Múnich. Por eso decidí al final comprar un vuelo y visitar a mis padres y a mi hermana en Málaga para celebrar mi cumpleaños con ellos.

Jorge, por su parte, estaba pasando también una mala racha en su compañía. Últimamente no trataban muy bien a los empleados y, por lo que contaba, necesitaba un cambio. Qatar ya no le llenaba lo más mínimo como ciudad y no tenía verdaderas amistades aparte de sus compañeros de trabajo. Su vida se había convertido en una ristra de viajes encadenados de un continente al siguiente, para volver a dormir a su apartamento, que ni siquiera le pertenecía, disfrutar de un par de horas y volar de nuevo a otro sitio. Lo que antes eran paraísos y aventuras, al parecer ahora se habían convertido para él en una rutina continua y estresante.

En mi caso, tengo que reconocer que en el fondo me alegré un poco al escuchar esta nueva situación. Esa ansia de cambio puede que llevara a Jorge a considerar la propuesta que yo ya le había realizado un par de semanas antes. Mi idea consistía en que se viniera conmigo a vivir e intentara buscar un trabajo en Lufthansa para que por fin pudiéramos emprender la vida juntos que tanto ansiábamos. Ya llevábamos un par de meses juntos, manteniendo la relación a distancia, y cada día me costaba más estar alejado de él. Contaba los días y los minutos hasta que llegaban nuestros encuentros mensuales. Dormía mal, no solo por el estrés del trabajo, sino por su ausencia. Muchas tardes tras el trabajo me pasaba horas solo ojeando nuestras fotografías y por las noches siempre dormía abrazado con el osito de peluche que nos habíamos regalado mutuamente.

El osito fue una idea mía. Un día paseando por Múnich pasamos por el escaparate de una tienda que realiza fotografías en cualquier objeto (tazas, muñecos, etcétera). Me pareció una idea genial y un par de días después fui corriendo con dos fotografías de nosotros abrazados y compré dos osos de peluche con sus respectivas camisetas cortas y nuestra foto. En la siguiente visita de Jorge, se llevó uno de ellos con mis órdenes exhaustivas de cuidarlo y mimarlo hasta que algún día los dos ositos que representaban nuestro amor pudieran unirse cuando estuviéramos viviendo juntos. En realidad ahora cuando pienso en aquellos momentos ni siquiera me reconozco. Pero, ¿quién está en su sano juicio cuando no solo está enamorado, sino infectado de amor hasta la médula? Creo que ahora puedo comprender en cierta forma en nuestra cultura, las innumerables locuras que se han llegado a hacer por amor.

Ya en España un par de días antes de mi cumpleaños, Jorge no se comunicaba tan a menudo conmigo como antes. Al parecer volvía a tener un par de días muy ajetreados. Al principio no me extrañé, pero al notar que respondía a algunos de mis mensajes habituales, en los que yo le mandaba mucho amor, con algunos en los que me decía que me concentrase en mi familia y que no pensase tanto en él, me puse en guardia. Noté el cambio en sus mensajes de forma instantánea. Lo que antes eran solo palabras bonitas con besos, abrazos y más besos, ahora se habían convertido en respuestas rápidas y cortas, en mensajes del estilo: «Concéntrate en tu familia, que no los ves muy a menudo y no pienses tanto en mí estos días». Unos mensajes que en cierta forma encendieron mis luces de emergencia interiores y comenzaron a obsesionarme poco a poco. Necesitaba hablar con él de nuevo. Llevábamos sin hablar tres días, justo desde el día antes de mi vuelo a España, y tenía la sensación de que si yo no enviaba un mensaje preguntando si podíamos hablar por Skype, Jorge ni siquiera se molestaría en escribirme uno por su cuenta. Se limitaba a responder de forma breve a mis mensajes. Una vez me decía que estaba muy liado y que podríamos hablar más tarde. Otra vez me decía por la mañana que volaba esa noche. Al día siguiente, y a última hora, había quedado para ir al cine con compañeros de trabajo. Sus aplazamientos de las llamadas empezaron a volverme loco y a intranquilizarme. Jorge estaba pasando de mí y yo no entendía el porqué.

NOCHE DE INSOMNIO

La noche anterior a mi cumpleaños en la que no podía dormir debido a los mensajes tan impersonales de Jorge, decidí refugiarme en la escritura para intentar expresar por escrito cómo me sentía. Esa noche dio la casualidad de que llovía muy fuerte.

DIARIO DE ALFONSO: PASEANDO POR UNA PLAYA DESIERTA

La pasada noche se produjo una tormenta como no la había visto hacía tiempo en mi pueblo. La lluvia golpeaba las ventanas y los rayos resonaban en mis oídos. Da la casualidad de que esta vez la tormenta coincidió con una de mis tormentas interiores. Por la mañana la tormenta había cesado un poco y, con ella, mi tormenta interior. Había llegado el momento de ordenar ideas y poner mis pensamientos en orden. Así pues, decidí dar un paseo por la playa debido a que los días de lluvia no se le ocurre hacerlo a nadie. Este es un escenario ideal para mí y para mi mente.

Paseo por la arena. Algunos pescadores arreglan sus redes y barcas mientras me observan como si fuera algo raro. La verdad es que, después de una lluvia fuerte, a poca gente le da por pasear por una playa casi desierta. Esto lo hace el lugar ideal para ordenar ideas. En el fondo los pescadores me dan un poco de pena porque ellos no pueden ni imaginarse lo que yo veo en esa playa. La playa que se refleja en mi mente es muy diferente de la que nos enseña la vista. La arena tras la marea se ha convertido en un caos de pequeñas montañas salpicadas de cañas de azúcar que el mar arrastró y que una excavadora se empeña en volver a dejar en perfecto estado. Es gracioso ver cómo este dragón de hierro intenta evitar el caos en la naturaleza. La tormenta es poderosa, pero parece muy sencillo volver a dejar la playa en perfecto estado. Ojalá en nuestras mentes fuera igual de fácil poder ordenar el caos cuando nos acecha del mismo modo que lo hace la excavadora con los efectos de la tormenta. La tormenta amontona tierra, mientras que la mente amontona miedo y dudas. Las cañas también se esparcen por todos lados, sin embargo la excavadora de nuestra mente es muy diferente. Si al menos su control dependiera totalmente de nosotros... Pero no, esta excavadora debe ser manejada por las personas de nuestro entorno y el problema es que muchos, al ponerse a los mandos, no saben qué hacer con ellos, o los manejan mal. O quizás no se atrevan a manejarlos por miedo a sembrar un caos aún mayor. Ojalá yo supiera darte a entender cómo funciona ese dragón de hierro que arregla el caos. Ojalá nunca se produjera el caos. Ojalá la tormenta nunca nos visitara. Aunque por otro lado y si esto no ocurriera, ¿cómo podría nuestra mente alimentarse de las emociones que se generan después de arreglar el caos?

La vista es fantástica. Al fondo, en alta mar, algunas nubes grises dejan ya entrever la luz del día. El agua se ha quedado prácticamente parada tras la tormenta, solo alguna ola se atreve a acariciar la cañas que el dragón se empeña en limpiar. El leve viento acaricia las palmeras que saludan a mi paso. Casi puedo sentir la energía que producen las palmeras, la arena, el agua, el viento. Energías que van y vienen interconectadas unas con otras. A veces me gustaría ser capaz de controlar al viento, ser capaz de fundirme con él y atravesar el mar hasta el claro que se ve al fondo. ¿Acaso no te encuentras tú en algún lugar en la dirección de ese claro? Tengo la necesidad de intentar besar el viento. Quizás, quién sabe, ese viento que acaricia ahora mis labios acaricie horas más tarde los tuyos. Solo pensar en el viento recorriendo el océano y acercándose a tus labios me provoca escalofríos. Una lágrima acaricia mis mejillas corriendo a encontrarse con la caótica arena. Es tan bonito imaginar estas cosas... Ojalá pudieras intentar imaginar el poder de mi mente para imaginar, para vivir, para sentir. Ojalá pudieras comprender la marea que levantas en mi playa interior. Entonces quizás me comprenderías mejor. Entonces quizás comprenderías lo importante que resulta ese pequeño gesto para mí, ese pequeño grito: «Me tienes aquí», que yo necesito, que mi mente necesita cada día para mantener en calma la tormenta. Tengo tanto miedo de perderte. Ahora sé lo que me ocurre, el viento me lo dijo al oído. Tengo miedo de que tú no sientas lo mismo que yo. ¿Y cómo podrías sentir algo parecido si mi mente es tan profunda y complicada? Tengo miedo de que la distancia nos haga daño y que al final todas mis luchas, la tormenta, el dragón, las lágrimas que derramé por ti, que al final nada sirva de nada. No quiero perderte. Pero en los últimos días te siento más lejos de mí, es la cruda realidad.

Debo continuar mi paseo por la playa, no quiero que vuelva la tormenta, odio a esa tormenta que siempre siembra de dudas mi mente, que me hace sufrir, que me hace ver cosas que no son reales. ¡Grítame que la tormenta está equivocada! ¡Grítame que tú sabes manejar al dragón, que tú limpiarás las cañas y aplanarás la arena, que contigo la playa siempre estará limpia!

Al frente una vieja un tanto extraña se aproxima a mí, me pregunta la hora, pero en realidad sus intenciones son otras. Me pregunta si soy su Álvaro. Al decir que no, puedo sentir cómo un golpe de decepción surge en su interior. ¿Quién será ese Álvaro? ¿Qué historia lo unirá a esa mujer? A veces desearía poder convertirme en lo que quisiera con solo desearlo, así al menos podría ser Álvaro por unos minutos, y así alegrar el día a esa extraña mujer. Quizás conseguir que los demás sean felices y se alegren es el sentimiento que necesita mi mente para poner a funcionar el dragón que limpie la playa completamente sin ayuda de nadie.

La vida nunca es justa con nosotros. El caos nunca es justo con nosotros, cruza a personas en el camino de nuestra vida para seguidamente alejarlas de nosotros. Luego, cuando por fin te parece que alcanzarás lo que buscas, cuando te parece que has vuelto a reencontrar a Álvaro, resulta que al volverte no es él: otra decepción para el cesto.

Como más o menos dijo un autor francés, nunca nos llegan las cosas que más felices nos hacen en el momento que más felices nos harían.

Ya va siendo hora de volver a casa. Puede que la playa no esté limpia del todo, pero al menos la tormenta pasó y todo está en calma. Qué bueno es sentirse así. Ya tiene mi mente un sentimiento positivo con el que alimentarse, quizás no sirva para poner completamente en marcha al dragón de la limpieza, pero al menos es un principio.

CELEBRACIONES

El día de mi cumpleaños me desperté muy temprano, aunque me había acostado bastante tarde con mis historias y pensamientos. Jorge, sin embargo, no había mejorado su comunicación y en el fondo seguía todo igual que hacía un par de días. Tras levantarme decidí ponerme a escribir de nuevo. En cierta forma me relajaba plasmar sobre el papel mis sentimientos.

DIARIO DE ALFONSO: MIEDO A PERDER LO MÁS QUERIDO

07:30 de la mañana: los gallos ya están cantando y nunca pensé que me alegraría de escucharlos por un día. Antes siempre los había odiado por no dejarme dormir. Esto demuestra que por fin mi estado de desánimo y el estrés comienzan a desaparecer. Bueno, pensarás «este hombre está completamente loco», me voy de vacaciones para escapar del ordenador y lo primero que hago en vez de estar durmiendo es despertarme a las 07:30 para ponerme delante de él a escribir. Yo creo que puede deberse a que estoy acostumbrado a despertarme a las 07:20, o simplemente a que descansé mucho más rápido por no sentirme bajo la presión de la rutina. Bueno, el caso es que no me desperté para ponerme a tontear en el ordenador, me desperté debido a que, no sé, nuevamente pensaba en esa persona tan especial, nuevamente pensaba en ti y he decidido ir a coger el portátil y hacer una de las cosas que más me gusta y a la que en la última temporada no puedo dedicar casi tiempo: escribir. No sé si conoces mucho esta faceta mía, la verdad es que casi nadie la conoce, siempre que escribo cosas las mantengo para mí, incluso a veces las borro días después. Me encanta contar cosas, me encanta escribir sobre cómo me siento, sobre cosas que me hacen feliz, sobre lo que me entristece, en definitiva, escribir sobre sentimientos. Qué te voy a contar a ti a estas alturas. Ya sabes que soy un completo sentimental, si bien siempre intento ocultar esta faceta a todo el mundo menos a ti.

¿Cuál es el tema que me ha hecho levantarme a escribir a estas horas en las que la gente comenzará a trabajar en Alemania, pero en España aún no han puesto siquiera las calles?

A todo el mundo en la vida nos ocurren siempre cosas que hacen que nos sintamos muy felices. Saber que tienes un amigo por el que harías lo que fuera o haber encontrado al que tienes la sensación de que es el amor de tu vida son algunos ejemplos. Cuando estas situaciones ocurren todo debería ser felicidad, todo debería ser perfecto y nada debería ennegrecer estos momentos. Sin embargo, existen personas (como yo mismo) a las que su pasión por querer, por amar, por explotar cada sentimiento al máximo no les deja disfrutar al cien por cien del momento. Siempre acompañado del sentimiento de felicidad aparece un sentimiento malo, negro, un sentimiento que es muy peligroso porque nos obliga a realizar en la vida cosas que en realidad no queremos. Este sentimiento es el miedo. Miedo a perder eso tan bonito que tenemos, miedo a que no sea así siempre, miedo a que en realidad lo que tú sientes no sea lo que la otra persona siente por ti. Miedo a ser defraudado, miedo a ser engañado, miedo, en definitiva, a ser decepcionado. A mí, este sentimiento ya me ha acosado montones de veces, como a todo el mundo, con muchas cosas que quiero o que algún día quise y que por su culpa desaparecieron. Todo el mundo puede intentar controlar sus miedos, y así debe ser, si no queremos que él marque nuestras vidas consiguiendo que nunca seamos felices. Pero a veces las situaciones en las que este miedo se presenta son nuevas.

Desde el principio de nuestra relación, que por ahora tengo que decir que es la cosa más preciosa que me ha ocurrido en la última temporada, siempre dijimos algo que me encantó: «Vamos a ser totalmente sinceros el uno con el otro siempre». De ahí el tema de torturarte leyendo mi pequeño relato improvisado a estas horas de la mañana. En la última temporada, este miedo ha vuelto a mí, un miedo horrible de perder la cosa más bonita que me ha pasado en la vida se ha apoderado de mí y yo no he tenido el valor de contártelo, por un lado para no dejarme ver siempre como la víctima, el tonto, el que siempre tiene la cabeza plagada de problemas y sentimientos, y aburrirte siempre con mis problemas; por otro lado, el mismo hecho de contártelo me asusta porque pienso que nuestra relación es demasiado fresca, y me asusta el hecho de que con este tipo de acciones termine asustándote y mostrándote una faceta mía que no coincida con la imagen alegre que tú conoces. Este es un aspecto de mi personalidad que ya no aparecía desde hace años, pero que debes saber que también existe.

Normalmente todo el mundo tiene sus miedos y deberíamos aprender a controlarlos, si bien el problema es que en mi caso este miedo se enfrenta a mí con dos situaciones que hasta ahora no conocía, o siempre había intentado esquivar. Una de ellas es experimentar un verdadero amor como nunca sentí hasta ahora, y la otra es el alejamiento. Nunca hasta ahora me enfrenté al hecho de tener que vivir esperando durante semanas a la persona que más deseo en el mundo. Ya tuve un día muy malo que tú conoces hace unas semanas en el que las situaciones de estrés y ánimo bajo me lo hicieron pasar muy mal cuando se juntaron con este miedo. Ese día me juré a mí mismo que intentaría controlarlo, y sigo trabajando en ello. Pero en los últimos días no hemos tenido prácticamente ningún contacto, ni por internet, ni por teléfono, aparte de algún mensaje de texto. Ya sé que seguramente la razón es, como siempre, un cúmulo de cosas: casualidad de que tu trabajas, yo estoy de viaje, etcétera. Pero justo en estas situaciones se alimenta más que nunca mi miedo a perderte y es como si me dijera en voz baja: «Algo pasa», «esto no va bien», «le pasa algo». Sinceramente es horrible, porque yo no quiero sentirme así. Yo no tengo por qué desconfiar de ti.

Hoy me he levantado y he resuelto que debía intentar explicarte cómo me siento, para escribir mis ideas y aclararlas desde un punto de vista objetivo (ya sabes, mi lado técnico siempre sale a relucir). Mientras escribo esto reflexiono acerca de qué me pasa realmente y me ayuda a poder controlar estos miedos, pero creo que más importante que eso es que entiendas exactamente qué pasa por mi cabeza. Estoy harto de ver en todos los sitios parejas que terminan peleándose, situaciones que parecían muy bonitas, pero terminan destrozadas y nadie sabe por qué. La causa es casi siempre la falta de comunicación. Jamás me perdonaría que eso nos pasase a nosotros. Tienes que estar de acuerdo conmigo en que lo nuestro es especial desde el principio; jamás me perdonaría que ocurriese una catástrofe en nuestra relación simplemente porque tú no entendieras qué pasaba por mi cabeza y que yo no hubiera sido capaz de explicarte cómo me sentía.

No quiero que te preocupes por lo que lees, las dos páginas anteriores solo son una especie de llamada de socorro. Necesito que me ayudes a superar estos miedos poco a poco, que me ayudes a superar la distancia. Que me ayudes a confiar, a esperar. Poco a poco me doy cuenta que no soy capaz de hacerlo solo. Espero que no sea pedirte mucho, supongo que si tú también sientes ese amor por mí, aunque solo sea un poco, y crees en lo nuestro como yo lo hago, no te importará trabajar en ello. ¿Te acuerdas de que te dije que hay un camino que tenemos que recorrer juntos? Pues no es nada fácil ser el que va a tu lado quitando piedras sin poder siquiera acercarme. Es una completa tortura. También te pido que hables conmigo, que me cuentes lo que sientes, lo que opinas del tema, cómo consigues superar tú esta distancia, si a ti no te surgen miedos. Necesito que, si ocurre un problema, me lo cuentes, por grave que sea. Ya sé que esto para ti será mucho más complicado, pero no quiero que nos hagamos daño mutuamente. Créeme, cuanto más tiempo pase, será para mí mucho más doloroso descubrir que todas las ilusiones, sueños y castillos en el aire que me hice pensando en lo nuestro, eran solo eso, aire. Por eso necesito que me hagas ver que no es así, que tengo razón, que es todo maravilloso, que no tengo por qué tener dudas.

Creo que me ayudaría a superar todo esto saber, simplemente, que te tengo ahí, que te preocupas por mí. Eso es lo que más me ayuda, saber que tengo tu apoyo aunque estés lejos. Sentirte ahí al lado aunque no te tenga. Ya sé que me dirás que es así y yo en el fondo lo sé, pero es mi problema, con la distancia de por medio cualquier pequeño mensaje, correo, conversación contigo, significa un gran alivio para este miedo a perderte. Por el contrario, no tener contacto, no saber qué haces o dónde estás, qué es de tu vida, eso me quema poco a poco por dentro. Necesito no perder el contacto contigo, necesito que me cuentes las cosas que haces en el día a día por tontas que sean, necesito contarte qué hago yo, cómo va mi viaje, etcétera. Tú me entiendes. Necesito que me confirmes que aún sigues ahí.

Espero que al final, después de todo este medio libro, me entiendas un poco mejor y te quede más claro el amor tan profundo y cada vez más intenso que siento cada día por ti. Puede parecer de película, puede parecer casi imposible, a mí también me lo parece. Pero, ¿acaso no existen las historias realmente especiales? ¿Por qué no podría ser la nuestra una historia muy especial?

Te quiero. Vuelvo a la cama. Ahora son las 08:39. Buenas noches.

CUMPLEAÑOS

En la vida todos pasamos por momentos especiales; en unos casos, estos momentos pueden significar una situación totalmente nueva, como un enlace matrimonial o el nacimiento de un hijo; en otros, se repiten cada año sin perder por ello importancia sentimental, como son, por ejemplo, los cumpleaños. Al final todas las situaciones tienen algo en común. Nuestros familiares, amigos y conocidos nos terminarán felicitando de una forma u otra. Este hecho que pudiera parecer tan sencillo, esconde una serie de estrategias que terminan delatando a la persona que nos felicita. Unos te sorprenderán ya la noche anterior, justo a las 12:00 con una llamada simpática de felicitación diciendo que quieren ser los primeros en felicitarnos, que ya es el momento. Estos siempre consiguen nuestra sonrisa, ya que demuestran ser los más impacientes e incluso ingeniosos. También existen los madrugadores, a los que les gusta hacernos de rabiar con una llamada exactamente a las 08:00 de la mañana. Les gusta disfrutar despertándonos y provocar en nosotros una sensación de rabia, pero el desconcierto termina siempre en una sonrisa. Una llamada de alguien que ni siquiera esperabas es casi la mejor felicitación de todas, ya que te hace ser consciente por un momento de la sorpresa de descubrir que significas más de lo que siempre has supuesto para esa persona.

Al final, sea cual sea la forma elegida, lo que hace realmente especial ese día es volver a descubrir, como siempre, que existen amigos, conocidos y familiares que consiguen despertar un sentimiento maravilloso de alegría en ti. Este pequeño detalle es el mejor regalo que uno puede esperar recibir en un día como ese.

Sin embargo, a veces la persona en la que depositamos nuestra mayor confianza, en la que depositamos nuestros sueños de futuro y que normalmente despierta en nosotros los mejores sentimientos, elige defraudarnos justo en esos días tan especiales, pasando así a formar parte del otro grupo de felicitaciones, el de aquellos que lo hacen «porque lo esperamos», «porque debe felicitar para cumplir», «porque los demás también felicitan». Es fácil reconocer a los pertenecientes a este grupo, ya que normalmente intentan evitar el contacto directo porque en realidad no sabrían de qué hablarte. Pero es posible que también lo hagan porque saben que sería demasiado penoso que nos diéramos cuenta, por el tono de su voz, de sus falsas intenciones de felicitación. Ellos siempre recurrirán a un modelo estándar de felicitación: algunos enviarán una típica plantilla de email redactada previamente, o incluso usada en varias ocasiones; otros recurrirán al modelo estándar de empresa, un mensaje de texto con tres palabras que en realidad no muestran sentimiento ni intención alguna. La forma no es en realidad lo importante, lo importante es que todos evitarán el contacto directo. Incluso algunos irán más lejos e intentarán justificarse con típicas frases como «no quería molestarte», «no tuve tiempo», «supuse que lo celebrarías de forma privada en familia», etcétera. En esos momentos no hay que ser muy inteligente para deducir a qué persona le importas de verdad.

El día de mi cumpleaños, que debería haber sido un día muy feliz en mi vida, en el que me encontraba con mi familia y mi hermana en España, fue un día que no olvidaré en mucho tiempo. Ya había llegado el mediodía cuando Jorge aún no se había puesto en contacto conmigo. Decidí dejar pasar casi todo el día y, sin embargo, no hubo señales de él. Ya por la tarde y bastante impaciente, le envié varios mensajes de texto. Solo respondió al último, deseándome un feliz día con mi familia. Ni siquiera me deseó besos en ese mensaje. Al ver que respondía a ese mensaje, supuse que no estaría trabajando, así que intenté llamarlo a su teléfono móvil de Qatar, pese a que sabía que la llamada me saldría bastante cara. Las primeras veces que lo intenté ni siquiera me lo cogió. Tras probar varias veces y dejar sonar el teléfono durante varios minutos respondió.

Jorge sonaba ese día al teléfono absolutamente neutral, como nunca lo había oído. Me dio la sensación de que no tenía el más mínimo interés en hablar conmigo. Me acuerdo de que a lo largo de nuestra conversación le pregunté varias veces si ocurría algo, a lo que respondió con negaciones que no sonaban nada convincentes. Tras insistir mucho recibí un «otro día hablamos más tranquilamente, disfruta de tu cumpleaños». Volví a insistirle para que hablara conmigo en ese momento porque yo necesitaba saber qué ocurría, pero de nuevo no hubo respuesta. Al final, cuando había terminado nuestra conversación al teléfono, yo me encontraba más nervioso y asustado que al principio. No podía calmarme. Llamé a Amparo por teléfono. Necesitaba desahogarme con alguien. La reacción tan distante de Jorge al teléfono no me había dado buena espina. Mi mente estaba muy intranquila. Amparo consiguió calmarme y pasaron un par de horas más, hasta que recibí un email de Jorge donde me decía claramente que él no podía seguir más con lo nuestro, que él ya no estaba a gusto conmigo y que nuestro amor era algo imposible. Jamás en la vida he sentido un agujero más hondo en mi ser que en aquel momento, mientras mis ojos despedazaban las palabras de su email una y otra vez, Mi mundo se derrumbó en segundos. Mientras tanto, mi madre preparaba el chocolate para mi pequeña fiesta de cumpleaños en la planta de abajo.

Estaba muy nervioso, mi corazón latía al menos a doscientas pulsaciones por minuto. Dejé caer el ordenador en el sofá y, mientras me levantaba y me ponía a dar vueltas por la habitación, sentía que me mareaba, que me faltaba el aire y que la piernas no me respondían. Mi mente estaba en blanco.

Intenté llamar a Jorge veinte veces, pero me rechazaba las llamadas. Viendo que no me respondía y que me encontraba en un estado de ansiedad y de falta de respiración insoportables que no conocía en mí, me asusté aún más y volví a llamar a Amparo.

No sé cuánto tiempo estuvimos Amparo y yo al teléfono. Creo que mi mente estaba demasiado ocupada en intentar asimilar lo que acababa de ocurrir como para preocuparse de utilizar energía para memorizar algo. Solo sé que al final Amparo había intentado calmarme, o al menos había conseguido que yo no hiciese ninguna locura. Al final me encontré de rodillas en el suelo con la cabeza en el sofá, llorando, llorando como no lo había hecho nunca, incluso cuando algún familiar cercano había muerto. Nunca había llorado así, con un llanto de desesperación que intentaba ocultar entre los cojines del sofá, para que mi familia no me oyera en la planta de abajo, donde ya estaban listos los preparativos para mi fiesta de cumpleaños.

Lo que siguió esa tarde fue totalmente surrealista. Cuando conseguí calmar mi llanto y serenarme, bajé a mi propia fiesta de cumpleaños, me bebí una taza de chocolate y comí un trozo de pastel. Sin embargo, yo no estaba en esa fiesta. Era como si hubiera vivido mi propia fiesta de cumpleaños como un teatro extraño de títeres y a través de un cristal. Por suerte, solo estaban en la fiesta mi hermana, mi madre, mi padre y mi tía, que casualmente había aparecido esa tarde por casa. Mi madre había decidido mantener la ocasión un poco más privada de lo habitual, para disfrutar de su hijo, al que no veía muy a menudo desde que vivía en Alemania. Es extraña la capacidad de nuestro cerebro para crearnos la ilusión de que estamos presentes en algún evento, pese a que nuestros pensamientos están a kilómetros de distancia. Cuando la fiesta terminó, me retiré muy temprano a dormir, con la excusa de que no me encontraba bien debido a los abundantes dulces que habíamos comido. Con la cabeza entre las almohadas, seguí llorando durante toda la noche.

Cuando uno ha estado tan infectado de amor como yo lo estaba con Jorge, no puede simplemente pensar que todo se ha acabado y continuar adelante. Eso que parece tan sencillo para la gente que no ha vivido esa relación, es un proceso lento y duro por el que nuestra alma debe liberarse de esa dependencia con la otra persona y volver a su vida en solitario. Los primeros días fueron horribles. Durante el día, mis pensamientos volvían a él cada cinco minutos y constantemente tenía ganas de llorar. Se me quitaron el hambre y la sed. Por las noches no dormía nada porque me despertaba cada media hora y lloraba entre las almohadas. No tenía el menor interés por hablar con nadie, por ver a nadie. Solo quería estar solo y pensar en él y en mi vida vacía, triste y sin objetivo. La tristeza que sentía se mezclaba a lo largo del día con un sentimiento de culpa. No sé por qué, sentía que en el fondo todo era culpa mía. Pasados unos días, este sentimiento se fue entremezclando con desesperación y rabia, y todo tendió hacia un completo vacío en el que ya nada importaba.

Una tarde decidí dar un paseo hasta la casa de mi hermana para pasar un rato con ella e intentar pensar en otra cosa. La casualidad quiso que esa tarde se encontrara sola en casa y, lo que en principio se suponía una visita sin objetivo alguno, terminó en una tarde de desahogo. Mi hermana había notado que algo me ocurría desde hacía varios días. Yo necesitaba desahogarme y, al fin y al cabo, mi hermana era la única de la familia que conocía mis inclinaciones por otros chicos. Sin embargo, hasta ese momento nunca habíamos hablado de mis relaciones, y desconocía por completo toda la historia de Jorge. Con un café caliente, sentados en su sofá, pasamos toda la tarde intercambiando nuestras historias.

Mi hermana había pasado años atrás por una historia dramática con un amigo mío de la universidad. La cosa había terminado bastante mal tras ocho años de relación. Él se había terminado convirtiendo en una especie de ogro que nunca tenía ganas de hacer nada y que siempre estaba quejándose, protestando y echándole a ella la culpa de todo. Creo que alguna vez incluso llegó a levantarle la mano, aunque nunca he tenido confirmación de ninguna de las partes. El caso es que, por entonces, ella se había visto bastante afectada psicológicamente por aquella historia. Cuando tuvo esa crisis, yo la convencí de que se tomara unos días en Alemania conviviendo conmigo y alejándose así de casa. Ese era mi primer año de estudiante en el extranjero. Su exnovio aceptó dejarla ir sola a verme, pensando que yo intentaría convencer a mi hermana para que siguiera con él tras los problemas que tenían y los ocho años de relación. Sin embargo, y contrariamente a lo que piensa mi amigo, yo desde el primer momento tenía otro objetivo en mente. Intenté convencerla y hacer que se diera cuenta de que ella era lo más importante y que tenía que abandonarlo. El tiempo de esa relación era lo menos importante, y vivir infeliz no era sano. Era un buen amigo mío, pero mi hermana era más importante y yo estaba convencido de que ella se merecía algo mejor y lo encontraría. Así fue que mi hermana al final terminó enfrentándose a todo el mundo y abandonando a su novio para seguir con su vida. Fue un paso muy duro, pero a día de hoy me alegro mucho de que lo hiciera. Hoy es muy feliz y vive con otro hombre que la quiere mucho.

En esa ocasión, tras mi ruptura con Jorge, yo era el que necesitaba toda la ayuda del mundo para no realizar una locura en esos momentos de debilidad. Tiene gracia que a veces parezca que las situaciones siempre van encadenadas, que todo tiene su razón de ser. Recordamos los viejos tiempos en que yo intentaba convencer a mi hermana de que siguiera con su vida y olvidara a mi amigo. Estos recuerdos y sus abrazos me ayudaron. Esa tarde, los dos terminamos abrazados y llorando, como no lo habíamos hecho desde que éramos pequeños y tuvimos alguna rabieta. Lo más importante es que, en cierta forma, esa tarde mi hermana consiguió encender una pequeña vela en mi alma oscura como un pozo sin fondo. Una vela que, aunque tardaría en dar la suficiente luz en toda mi cueva interior, brillaba con fuerza y no se volvería a apagar. Una pequeña luz de esperanza en un universo de oscuridad.

Así, mi semana de vacaciones en España se aproximó a su fin. En poco más de veinticuatro horas tendría que volver al trabajo y, sinceramente, por aquel entonces no sabía cómo podría afrontar ese paso. En mi mente, el más mínimo enfrentamiento con la realidad me resultaba una tarea de unas dimensiones tan grandes como intentar subir el Everest. Me sentía inútil y fracasado. Sentía que mi vida había caído en un hoyo sin fondo, del que jamás volvería a salir. Sin embargo, ¿qué otra elección tenía? Debía proseguir mi camino. Me dolía el alma, pero tenía que continuar con mi vida.

Justo el día de mi regreso a Alemania volví a intercambiar con Jorge un par de mensajes de texto. En esa ocasión no fueron mensajes en los que yo le suplicaba que volviera conmigo o en los que le decía que no podía abandonarme, mensajes que le había enviado el día de mi cumpleaños y en mis noches de desesperación de forma continua. Por aquel entonces ya había asumido que lo nuestro, pese a que me doliera, se había acabado, y que no había vuelta atrás, al menos por parte de Jorge. Por mi parte, sé que si él me hubiera dicho que volviera con él, yo me habría arrastrado como una lombriz y me hubiera plegado a sus deseos. Podría haber hecho con mi alma lo que quisiera. Aún era todo muy reciente y seguía estando infectado por su amor. En más de una ocasión, incluso había pensado en abandonar mi trabajo, tomar un vuelo a Qatar y decirle a la cara que lo necesitaba, abandonar mi vida y unirme a la suya. Sin embargo, tras la conversación con mi hermana y mis innumerables conversaciones telefónicas con Amparo, había llegado a la conclusión de que esas cosas solo funcionaban en Hollywood. Nuestra relación, me gustara o no, se había terminado.

En sus mensajes de esa tarde, Jorge me dijo que estaría en Frankfurt durante unas horas debido a que volaría a Alemania el mismo día que yo volvía a Múnich desde España. Se me ocurrió la idea de tomar un tren en el aeropuerto de Múnich e ir a visitarlo a Frankfurt, aun a pesar de que eran varias horas de camino. Era la ocasión ideal para despedirnos formalmente. En el fondo, y pese a que sabía que lo nuestro se había acabado, necesitaba verlo al menos una vez más. Necesitaba poder adorar a mi dios aunque fuera una vez más. Al principio, Jorge no estuvo muy de acuerdo con la idea, pero al final aceptó esperarme en la estación de Frankfurt para tomar un café y despedirnos. Así fue como me dispuse a planear el viaje más largo de mi historia, para disfrutar de media hora de café junto a la persona que más había conseguido herirme: Jorgito, mi exguapetón.

CAPÍTULO CINCO
Sólo vacío

LA DESPEDIDA

Ahí me encontraba de nuevo, sentado en el aeropuerto, esperando a que asignaran una puerta de embarque a mi vuelo con destino al centro de Europa. Ya había estado antes en esa misma butaca, en ese mismo sitio. Sin embargo, eran bien diferentes los pensamientos que pasaban por mi mente en esta ocasión. Ese día de octubre no representaba una simple vuelta de viaje tras la visita a mi familia. No significaba el retorno a esa rutina que en la última temporada protagonizaba mi vida diaria. En este caso era mucho más que eso, ese día representaba un cambio radical en mi vida, el fin de una etapa que, para mi gusto, había sido demasiado corta. Pero ese día representaba asimismo el comienzo de un tiempo que prometía ser más interesante que el anterior. O, al menos, eso es lo que yo en aquellos momentos más deseaba. Pensar así me ayudaba a soportar la terrible crisis que acababa de vivir.

Habían cambiado tantas cosas en los últimos días… La última semana había sido capaz de proporcionarme decenas de emociones en un muy corto período de tiempo. Había sentido felicidad por el reencuentro con familiares y amigos; había sentido miedo y añoranza por las personas que no podían estar disfrutando de esos momentos conmigo; había sentido tristeza, angustia y decepción tras la celebración de mi cumpleaños. Pero lo que más efecto había provocado en mí esos últimos días, había sido la rabia y la desesperación de sentir que había perdido al mayor amor de mi vida hasta ese momento, y eso había sido hacía cuatro días. Qué mal lo había pasado. Qué poco había dormido esos días. Sin embargo, como ya había comentado con Jorge mientras intentaba convencerlo de nuestro corto encuentro de despedida en Frankfurt, casi me alegraba de que él hubiera tenido el valor de decírmelo antes de regresar de las vacaciones. Gracias a esos días de reflexión, de llanto desconsolado cada noche y sobre todo al apoyo de mi hermana, sentía que en cuatro días había conseguido avanzar bastante. Es increíble lo fuertes que podemos llegar a ser en momentos de crisis, cuando no nos queda más remedio.

El plan para ese día era bastante sencillo: llegar al aeropuerto de destino sobre las 12:15 y dirigirme cuanto antes a la estación central de la ciudad tras recoger las maletas. Entonces subiría a un tren para el que ya tenía reservado el billete. Ese tren me llevaría a Frankfurt, donde teníamos la cita sobre las 17:00 en el aeropuerto, que era donde estaba situado su hotel. Por suerte el destino nos había proporcionado la posibilidad de un pequeño encuentro. La casualidad había querido que Jorge tuviera un vuelo de trabajo de dos días. Ese mismo día a partir de las 22:00 volvería a su ciudad del desierto. También debía agradecerle que al final hubiese aceptado la cita. Qué mal me hubiera sentado no poder decirle a la cara lo que llevaba reflexionando los últimos días. Todo hubiera sido mucho más duro de superar si nuestra comunicación se hubiera cortado por completo desde la ruptura oficial, si él no hubiese tenido el valor suficiente para verme a la cara una vez más, tras el daño que me había provocado. Sí, yo estaba un poco loco, siempre lo estuve en esos dos últimos meses, y todo gracias a esa relación.

Tras horas de viaje en avión y tren, nuestro encuentro de despedida en Frankfurt no salió ni mucho menos, para variar, como yo había imaginado. Jorge se mantuvo muy distante en toda la conversación y, aparte de un par de temas superfluos sobre trabajo o vacaciones, no se habló de nada sustancial. Fue algo muy triste para mí, ya que el Jorge que me encontré no se parecía en nada a mi príncipe Jorge, ese del que yo me había enamorado. Se comportaba como un desconocido que jamás hubiera accedido a zonas tan profundas y ocultas de mi ser. Supongo que, al fin y al cabo, el que rompe la relación nunca tiene problemas con ello, ya que él mismo ha llegado a esa conclusión y es lo que quiere. Pensándolo bien, por aquel entonces, cuando yo rompí mi relación con Robert, tampoco tuve el más mínimo remordimiento ni me sentí mal. Es más, me sentí desahogado.

Con dos besos y un «hasta la vista», nos despedimos el uno del otro. Yo cogí mi tren de regreso a Múnich con la sensación de adentrarme en un nuevo camino en mi vida. Ahora tenía un objetivo, tenía que intentar deshacerme del amor que sentía por esa persona que ya no me quería y volver a rehacer mi vida. Sabía que no sería un camino sencillo, que estaría repleto de intentos y recaídas, de las que tenía que levantarme y seguir adelante, pero al menos y tras haberlo visto, ahora estaba seguro de que quería seguir adelante por mi propio camino. No merecía la pena seguir luchando por alguien que ya no me quería y que me había hecho tanto daño. Yo, lógicamente, seguía muy enamorado de él, pero mi lado técnico había despertado un poco y sabía que tenía que luchar contra ese lado enamorado para destrozarlo como si de un tumor maligno se tratara. Ese lado había intentado devorarme por dentro y me suponía un impedimento para seguir adelante.

CAPÍTULO SEIS

Los brotes verdes

RUTINA

Mi rutinaria vida continuó su camino adelante. Pese a que parecía que nunca lo conseguiría, volví a mi trabajo e intenté refugiarme todo lo que pude en él. Al principio pensé en destrozar todas las fotografías que tenía en las que aparecía con Jorge, romper también las postales y quemar el osito de peluche que le había regalado, y que ya nunca se encontraría con su hermano gemelo en Qatar. Pero al final decidí apartar de mi vista cualquier objeto que me recordase a él. El tiempo fue pasando y las recaídas por pensar en él fueron cada vez menos frecuentes. El invierno se fue acercando y con él la primera nevada en Múnich.

ALFONSO Y LA LLEGADA DEL MANTO BLANCO

Cuando consiguió obtener las fuerzas necesarias para entreabrir los ojos, lo primero que hizo fue fijarse en el reloj que llevaba en la muñeca. Siempre dormía con él. Se quedó sorprendido al ver que esa noche había conseguido dormir casi diez horas de un tirón. Se sentía tan bien, hacía tiempo que no conseguía conciliar el sueño de esa forma. En la última temporada siempre había algún motivo que le rondaba por la cabeza y no le dejaba descansar en condiciones. Cuando no eran los problemas del trabajo, eran sus fracasos sentimentales; cuando no, su último resfriado, del que acababa de salir hacía pocos días. Esa noche había sido diferente.

Al levantar la persiana, una potente luz iluminó la habitación aún a oscuras y una sonrisa surgió en sus labios al descubrir lo que acontecía fuera. Todo estaba blanco, la noche había traído la primera nieve del invierno. El termómetro marcaba un grado negativo, pero dentro de casa se estaba tan a gusto. Quizás el cambio de temperatura era el culpable de esa buena noche de sueño, o quizás no solo era un día especial en cuanto al cambio climático, quizás por fin la máquina de la limpieza, que llevaba estancada en su mente desde hacía semanas, había comenzado a funcionar de nuevo en lo más profundo de su mente, arrastrando las montañas de cañas y tierra que en la última temporada se habían acumulado en su playa interior. Más de un mes había tardado en volver a funcionar esa máquina, pero sí, estaba seguro, esa mañana era diferente y podía sentirlo, por fin volvía a reír de satisfacción ante algo tan sencillo como los copos de nieve. Caían y caían, y en su movimiento acariciaban los pequeños brotes del césped del jardín, que se empeñaban en luchar contra su propio enterramiento.

Tras una ducha caliente y abrigarse correctamente para protegerse de la temperatura exterior, se dirigió a la calle camino del supermercado. Era un simple paseo rutinario, como el de todos los sábados, de varios cientos de metros, pero le apetecía un montón sentir el frío en la cara, sentir los pequeños copos de nieve que volaban a su alrededor.

Desde la primera vez que había visto nevar hacía unos cuatro años, seguía impresionándole la primera nevada del invierno. Era hermoso sentir esas pequeñas partículas que se dejaban llevar por el viento para terminar aterrizando en algún lugar aleatorio, una acera, el césped, la copa de un árbol, una piedra. Allí terminarían pasando varios meses, hasta que la señora Primavera decidiera que era el momento del cambio, del deshielo, y entonces esas pequeñas gotas convertidas en hielo regresarían al manantial del que originariamente habían surgido.

A veces nuestra vida puede ser muy parecida a la de un copo de nieve. Un día alguien o algo consigue arrastrarnos desde nuestro manantial y subirnos bien alto hasta las nubes, donde podemos permanecer una buena temporada dejándonos llevar por el viento. Pero eso no dura siempre, algún día el frío viento decidirá que ha llegado el día y nos hará caer pesados como el hielo, nos depositaremos en algún lugar frío y apartado esperando que el calor vuelva a nosotros. Ese calor parece que no llega nunca, pero siempre llega, tarde o temprano, devolviéndonos a nuestro manantial originario, desde donde todo se ve con otra perspectiva. Esa mañana por fin había llegado. Ya estaba de nuevo cerca de su manantial y lo podía sentir mientras realizaba su paseo hacia el supermercado.

Es increíble que una racha de frío pueda ser necesaria para volver a encontrarnos a nosotros mismos.

EL REENCUENTRO

Tuvieron que pasar varios años hasta que el destino quiso que me reencontrase con Jorge de nuevo. Una llamada suya me sorprendió una tarde mientras realizaba la compra en el supermercado, una tarea que aún seguía realizando los sábados después del desayuno. Llevaba mucho tiempo sin pensar en él y al principio no supe quién me llamaba por teléfono. No sé qué razones le llevaron a llamarme de nuevo, ni nunca lo sabré, pero el caso es que se puso en contacto conmigo para quedar a tomar un café. Yo, tras reflexionar un poco sobre si la propuesta tenía algún sentido, acepté. Ya hacía tiempo que había conseguido casi olvidarlo y en el fondo me apetecía un poco recordar esos viejos tiempos. No ese Jorge que me había hecho tanto daño, sino esos momentos maravillosos, esos primeros sentimientos de amor junto a él. A veces tenemos que poner un ojo en las situaciones pasadas que han sido negativas, para darnos cuenta de lo felices que somos en el presente.

En el último minuto cancelé otros planes que tenía para esa tarde y quedé con él junto a la fuente del ayuntamiento y la oficina de turismo en el centro de la ciudad, un sitio donde solían encontrarse las parejas y los amigos en Múnich. Puntual, como era de esperar en él, lo encontré bajo un paraguas del Sheraton de Múnich, que seguramente había cogido prestado del hotel. Una pequeña llovizna envolvía la ciudad. En un principio Jorge no sabía cómo reaccionar, si estrecharme la mano o darme dos besos. En su sonrisa de dientes perfectos se notó una cierta inseguridad, que para mí era desconocida. Yo me acerqué sin meditar mucho tiempo y le di dos besos en la mejilla. Ya no me importaba lo más mínimo que la gente me viera besar a otro chico en público. Decidimos andar un par de calles bajo la lluvia en dirección al café Mozart. Me parecía el sitio ideal para tomar un café con esa persona que tan loco me había vuelto en la ciudad de la música, Viena. Mi mente no había cambiado, seguía siendo perfeccionista por naturaleza.

La conversación con Jorge aquella tarde no puedo decir que fuera ni la peor ni la mejor de nuestras conversaciones, simplemente fue una conversación más entre dos conocidos que han vivido experiencias juntos, pero que ya, hoy día, no disponen de más lazos que los unan aparte del pasado. El Jorge que yo había conocido en Viena y varias veces después en Múnich, había cambiado bastante. Me pareció mucho más inseguro, con miedo al cambio, a la responsabilidad. Ya no soportaba su trabajo, ni su apartamento prestado en medio del desierto. Sus viajes a islas paradisíacas o ciudades de ensueño de Asia ya no le llenaban lo más mínimo. Al fin y al cabo siempre estaba solo en hoteles de lujo que no podía disfrutar y, sus amistades, que estaban repartidas por todo el mundo, habían terminado por abandonarlo ante la falta de fidelidad y compromiso por su parte. Su vida se había convertido en algo superficial, en una especie de rueda de hámster de oro que recorría una y otra vez. Era una rueda de oro, pero al fin y al cabo una jaula en la que solo daba vueltas. Lógicamente todo esto no me lo dijo él directamente, sino que yo fui atando cabos a partir de lo que me contaba. Había decidido volver a Brasil, tras aceptar una oferta de trabajo de una compañía local. Realizaría solo vuelos dentro del país e intentaría rehacer su vida.

Nos despedimos tras dos horas de conversación mediocre con otro par de besos y Jorge desapareció con su paraguas del Sheraton por una esquina de Múnich para siempre. Yo me dirigí al metro para ir a mi casa. Ya no volví a verlo nunca más.

En los días posteriores volví a pensar en él. No añorándolo, sino, en el fondo, sintiendo pena. Mientras que él no había evolucionado lo más mínimo tras nuestra ruptura, mi vida había cambiado bastante. Yo seguía viviendo en Múnich, en el mismo apartamento, pero ese era el único elemento que seguía manteniéndose en mi vida con respecto a la que mantenía cuando lo conocí a él. Mi aburrido trabajo de programador había pasado a la historia y ahora me encontraba trabajando para una importante corporación alemana como ingeniero. Mi sueldo era mucho mejor, el trabajo me gustaba mucho y, pese al estrés que seguía teniendo, me divertía trabajando. Me podía permitir otro apartamento más grande y mejor, pero en el fondo seguía siendo un romántico y le había cogido cariño a ese pequeño apartamento y sus vecinos, con los que tras varios años mantenía una muy buena amistad. El piso era ahora bastante diferente de cuando mantenía mi relación con Jorge. Hacía tiempo que había decidido renovar la decoración por completo, en aras a mi plan de seguir hacia delante y no pensar en lo pasado. El oso de peluche que le regalé seguía escondido, y sus fotografías también. Aunque ya no tenía pensamientos destructivos acerca de estos objetos en el fondo constituían una parte de mi vida y quería conservarlo todo en el futuro. Todos estos cambios habían convertido mi vida en algo muy diferente. Sin embargo, el gran cambio de mi vida lo suponía el tener a alguien nuevo en mi vida: Gunter.

Con la llegada del invierno había conseguido salir de mi oscuro pozo y poco después me decidí a volver a mis perfiles de internet de antaño para buscar pareja. En esa ocasión me lo tomé con calma. No estaba desesperado por tener a nadie a mi lado. Es más, no estaba mínimamente obsesionado por el tema. Quedé con varios chicos y conocí a gente muy interesante. Algunos de ellos siguen formando parte de mi nuevo círculo de amistades en la ciudad. En una de esas ocasiones conocí a Gunter. No puedo decir que los primeros encuentros fueran nada que yo pudiera denominar de cuento de hadas, como había ocurrido con Jorge. Nada de locuras o historias de dragones y príncipes en mi cabeza. Es más, en ningún momento pensé que pudiera tener una relación con él. Ni siquiera me parecía mi tipo por aquel entonces. Sin embargo, con el tiempo y varias citas, nos enamoramos perdidamente el uno del otro y se ha convertido en la única persona tras varios años con la que quiero y sé que puedo compartir mi vida.

He llegado a pensar que, si nunca hubiera pasado por esa relación tan romántica y enfermiza con Jorge, jamás habría llegado a ser la persona serena y realista que soy hoy día. No hubiera obtenido la seguridad en mí mismo y no habría perdido el miedo que tenía entonces a que mi cuento de hadas desapareciera. Hoy vivo mi relación con Gunter de una forma que jamás antes había hecho, de una forma normal, sin complicaciones. Existe comunicación, confianza y, por supuesto, mucho amor. Pero no un amor idealista o exagerado en otros planos que no somos capaces de controlar. Es un amor real. Quizás ese sea el secreto para que una relación funcione y lo haga de forma duradera, no esperar nada de ella al principio y que poco a poco se convierta en algo mágico con lo que nos sintamos cómodos y de lo que no podamos prescindir. Con Gunter, mi vida no se ha convertido en la historia de Daniel y Gonzalo que ya plasmaba en mis historias hace años, pero tampoco ha acabado de forma muy diferente. Al fin y al cabo es un final feliz. Mi final feliz. Quién sabe, quizás algún día os cuente también esa historia.

Alfonso.

SOBRE EL AUTOR

R. M. Muñoz nació en el sur de España en el año 1979. Ya desde pequeño era un niño con mucha inventiva e imaginación. Pasó su juventud alternando entre dos pueblecitos de la costa malagueña. En uno vivía con sus padres y sus hermanos en la casa que su abuela les prestaba. En el otro estaba el pequeño negocio de sus padres para turistas alemanes donde tenía que ayudar todos los días al salir del colegio. Siempre quiso aspirar a un trabajo en el que pudiera expresar su creatividad. Desde pequeño, confrontado a la realidad del trabajo, nunca fue educado como un niño con grandes aspiraciones materiales, y siempre aprendió que todo en la vida requiere un esfuerzo. Cuando terminó el instituto, fue a la universidad y se decidió a estudiar una ingeniería. El hecho de que fuera una carrera difícil le animó incluso más a seguir adelante. Siempre le gustó demostrar a los demás de lo que era capaz. Ya a punto de terminar los estudios decidió marcharse a la aventura como estudiante de intercambio en el extranjero, y aparte de terminar exitosamente con un título de ingeniero en un pequeño pueblo del sur de Alemania, consiguió un buen trabajo en el mundo de la tecnología y decidió quedarse fuera de España por las posibilidades que le abría vivir en el centro de Europa. Escribir empezó como un hobby hace años y solo se atrevió a presentar por primera vez una de sus obras en público en un concurso de guiones cortos del festival de cine de Málaga, que en aquella ocasión, por desgracia, no ganó. El tema de su guión era el maltrato femenino. Si bien no volvió a presentar otra obra en público durante años, siguió escribiendo historias que mantuvo en privado. Unos años más tarde, por fin se ha atrevido a intentar su sueño de escribir, y este libro es el resultado de ello.

Web: www.rmmunoz.com / Twitter: R_M_Munoz

Printed in Great Britain
by Amazon.co.uk, Ltd.,
Marston Gate.